essentials

Essentials liefern aktuelles Wissen in konzentrierter Form. Die Essenz dessen, worauf es als „State-of-the-Art" in der gegenwärtigen Fachdiskussion oder in der Praxis ankommt. Essentials informieren schnell, unkompliziert und verständlich.

- als Einführung in ein aktuelles Thema aus Ihrem Fachgebiet
- als Einstieg in ein für Sie noch unbekanntes Themenfeld
- als Einblick, um zum Thema mitreden zu können.

Die Bücher in elektronischer und gedruckter Form bringen das Expertenwissen von Springer-Fachautoren kompakt zur Darstellung. Sie sind besonders für die Nutzung als eBook auf Tablet-PCs, eBook-Readern und Smartphones geeignet.

Essentials: Wissensbausteine aus den Wirtschafts, Sozial- und Geisteswissenschaften, aus Technik und Naturwissenschaften sowie aus Medizin, Psychologie und Gesundheitsberufen. Von renommierten Autoren aller Springer-Verlagsmarken.

Ingo Caspari · Walter Reese-Schäfer
Werner Haßenkamp

Sparen in öffentlichen Haushalten

Grundzüge einer Theorie mit zehn Beispielen für die Praxis und Fachdiskussion

Dr. Ingo Caspari
Köln
Deutschland

Prof. Dr. Walter Reese-Schäfer
Göttingen
Deutschland

Werner Haßenkamp
Herne
Deutschland

ISSN 2197-6708   ISSN 2197-6716 (electronic)
essentials
ISBN 978-3-658-10907-3   ISBN 978-3-658-10908-0 (eBook)
DOI 10.1007/978-3-658-10908-0

Die Deutsche Nationalbibliothek verzeichnet diese Publikation in der Deutschen Nationalbibliografie; detaillierte bibliografische Daten sind im Internet über http://dnb.d-nb.de abrufbar.

Springer Gabler

Gedruckt auf säurefreiem und chlorfrei gebleichtem Papier

Springer Fachmedien Wiesbaden ist Teil der Fachverlagsgruppe Springer Science+Business Media
(www.springer.com)

Was Sie in diesem Essential finden können

- Eine Abgrenzung des Begriffes *Sparen* sowie eine Einordnung des Begriffes in die aktuellen gesellschaftlichen Diskurse um die Konsolidierung öffentlicher Haushalte
- Eine komprimierte Einführung in einige Grundüberlegungen der Systemtheorie Niklas Luhmanns und eine Weiterentwicklung dieser zu Grundzügen einer *Theorie des Sparens*
- Eine Anwendung dieser Theorie als Analysewerkzeug in zehn Beispielen aus der öffentlichen Verwaltung
- Abgeleitete, zentrale Empfehlungen für den Prozess des Sparens auf Basis der Theorie kommunikativer Vernunft von Jürgen Habermas

Vorwort

In unserem Autorentrio existieren viele Jahre Erfahrung mit der Praxis des Sparens im Bereich der öffentlichen Haushalte und Einsichten, warum sich der Prozess der Haushaltskonsolidierung schwierig gestaltet.

Niklas Luhmann hat uns ein Denkmodell an die Hand gegeben, das die Möglichkeit eröffnete, unsere praktischen Erfahrungen zu strukturieren. Wir wollen das Modell der Luhmannschen Systemtheorie als Ausgangspunkt nutzen, um den Prozess des Sparens systematisch zu analysieren.

Wir müssen dabei zugeben, dass unser Anliegen, auch nur Grundzüge einer Systemtheorie des Sparens auf Basis eines kurzen Essentials zu behandeln, groß ist und der Anspruch, Niklas Luhmann weiterzudenken, ebenfalls. Allerdings ist ein Projekt, *Niklas Luhmann* praxisbezogen *weiterzudenken,* ebenso lohnend. Auf wenige Aspekte Luhmanns Theorie haben wir uns konzentriert; dies auch auf die Gefahr hin, in den Augen von Luhmann-Kennern zu sehr vereinfacht zu haben.

Indem wir die unterschiedlichen Funktionsweisen gesellschaftlicher Systeme anhand von zehn Praxisbeispielen des Sparens in der öffentlichen Verwaltung beschreiben und die innere Logik der Systeme verdeutlichen, hoffen wir, zu einem tieferen Verständnis der unterschiedlichen Beweggründe der einzelnen Beteiligten beizutragen.

So gut sich auch die Luhmannsche Systemtheorie zur Analyse eignet, zur Konklusion ist sie leider unbrauchbar. Insoweit waren weitere Überlegungen notwendig. In der Theorie der kommunikativen Vernunft von Jürgen Habermas haben wir hierzu eine Hilfestellung gefunden. Diese haben wir ebenfalls nur insoweit herangezogen, um finale und konkrete Empfehlungen für die Praxis des Sparens ableiten zu können.

Wir wollen mit dieser Arbeit zu besseren Ergebnissen der Debatte über das Sparen in öffentlichen Haushalten beitragen.

Inhaltsverzeichnis

Autoren

Dr. Ingo Caspari setzt sich seit über zehn Jahren wissenschaftlich mit Fragestellungen an der Schnittstelle von Politik und Betriebswirtschaftslehre auseinander und ist Berater bei der _teamwerk_AG. Er leitet über viele Jahre Konsolidierungsprojekte in Privatwirtschaft und der öffentlichen Hand.

Prof. Dr. Walter Reese-Schäfer ist ordentlicher Professor an der Universität Göttingen am Institut für Politikwissenschaft, Dekan der Sozialwissenschaftlichen Fakultät und bekleidet den Lehrstuhl für politische Theorie und Ideengeschichte.

Werner Haßenkamp ist Präsident der Gemeindeprüfungsanstalt (GPA) NRW. Die GPA ist u. a. vom Ministerium für Inneres und Kommunales NRW mit einem Beratungsauftrag beim „Stärkungspakt Stadtfinanzen" betraut. Bei diesem werden ca. 5,8 Mrd. € in zuwendungsbedürftige Kommunen investiert, um diese dauerhaft zu sanieren.

Einleitung 1

1.1 Ausgangspunkt – Allgemeine Begriffe des Sparens zur Orientierung

Doch ein Begriff muss bei dem Worte sein, lässt *Goethe* im *Faust I* (1999, S. 85) den unwissenden Schüler fordern. Auch wenn Begriffsklärungen oft ermüden, erscheint die Klarstellung der wesentlichsten Begriffe wichtig, um Missverständnisse zu vermeiden und allen Lesern den Einstieg zu erleichtern:

- *Sparen*: Sparen wird umgangssprachlich als das *Zurücklegen* von Geld verstanden, welches man in gewisser Weise *übrig* hat. Das Gegenteil ist in diesem Buch gemeint, denn das Geld ist eben nicht *übrig*. Sparen wird nachfolgend als Hauptbestandteil der Konsolidierung *öffentlicher* Haushalte verstanden; es wurde im Regelfall bereits in der Vergangenheit *zu viel* Geld ausgegeben, was ein finanzielles Gegensteuern nötig macht. Die Verschuldung privater Haushalte und Unternehmen, die Schuldenkrise anderer Euro-Länder und Banken wird nicht betrachtet. Ausgangspunkt sind allein die Schulden der deutschen öffentlichen Haushalte und die Tatsache, dass viele öffentliche Haushalte über Jahre nicht ausgeglichen sind.
- *Schulden*: Auch wenn einige öffentliche Institutionen aktuell Schulden bereits tilgen, beschränkt sich das Gros der Sparbemühungen auf das vorgelagerte Ziel, die Ausgaben zunächst so weit zurückzufahren, dass keine *zusätzlichen* neuen Schulden aufgebaut werden. Natürlich können Haushalte theoretisch auch über höhere Einnahmen konsolidiert werden; diese Option wird aber nachfolgend ausgeklammert, um einerseits den Fokus dieses Essentials nicht zu verlieren. Und andererseits passt es in Zeiten sprudelnder Steuereinnahmen nicht in die politische Großwetterlage, den Bürger mehr zu belasten. Es wird also i.d.R gespart, um den Schuldenberg nicht weiter anwachsen zu lassen. Finanzwirt-

© Springer Fachmedien Wiesbaden 2016
I. Caspari et al., *Sparen in öffentlichen Haushalten,* essentials,
DOI 10.1007/978-3-658-10908-0_1

schaftlich werden *Schulden* gemacht, wenn Ausgaben nicht durch Einnahmen gedeckt sind und demzufolge Verbindlichkeiten (vgl. § 266 Abs. 2. C. HGB) aufgenommen werden. In diesem Essential beziehen wir uns naturgemäß ausschließlich auf diesen finanzwirtschaftlichen Begriff der Schuld. Zivilrechtliche (vgl. § 241 ff. BGB), steuerrechtliche (vgl. § 37 ff. AO) oder anthropologische Begriffsverwendungen, wie sie z. B. *David Graeber* (2011) vorschlägt, werden ausgeklammert.

- *Haushaltskonsolidierung* wird der Prozess in der öffentlichen Hand genannt, an dessen Ende gesunde Finanzen stehen sollen. In der Privatwirtschaft werden die Begriffe *Restrukturierung* oder *Sanierung* verwendet. Unterschiede bestehen in den rechtlichen Rahmenbedingungen, wie z. B. dem Insolvenzrisiko, welches in der Privatwirtschaft virulenter ist. Bei der Thematisierung der Haushaltskonsolidierung beziehen wir uns nachfolgend auf die Bundes-, Landes- und Kommunalhaushalte. Sonderhaushalte oder Sozialkassen werden ausgeklammert.

1.2 Vom Schuldenmachen zum Sparen – ein Blick in die Vergangenheit

In den 1950er Jahren waren die öffentlichen Haushalte nahezu ausgeglichen. Dies galt sowohl für die Bundes-, die Länder- und die kommunale Ebene. Nicht nur zeitlich sondern auch finanzpolitisch ist dies lange her. Denn seit dieser Zeit wird regelmäßig mehr ausgegeben als eingenommen oder – anders ausgedrückt – wir leben seit ungefähr einem halben Jahrhundert über unsere Verhältnisse. Unsere staatlichen Schulden steigen oft stetig – allerdings müssen verschiedene Sondereffekte berücksichtigt werden:

Zum einen hat sich die Finanzsituation nach der Finanzkrise 2009, insbesondere aufgrund des konjunkturellen Aufschwungs, maßgeblich verbessert. Zum anderen stellt die Finanzierung der deutschen Einheit einen nicht zu vernachlässigenden Sondereffekt dar, der die grundsätzliche Entwicklung der Schuldenzunahme zwar verstärkt, aber bei weitem nicht erklärt. Dies ist auch deshalb evident, weil der Trend zu mehr Schulden für fast alle entwickelten Volkswirtschaften gilt, so für die *alte Triade*, die USA, Japan und fast jedes Land Europas. Es handelt sich also nicht um eine deutsche, sondern um eine globale Tendenz des Schuldenaufbaus.

Auch bedingt durch die Finanzkrise hatte mit 1636 Mrd. € bzw. 161 % der Einnahmen in 2009 der relative Schuldenstand der deutschen föderalen Ebenen ein derart bedrohliches Ausmaß erreicht, dass sich die Politik gezwungen sah, einzugreifen.

Die Politik führte eine Schuldenbremse für die Bundes- und einige Länder-haushalte ein. In Artikel 109 des Grundgesetzes ist nun festgelegt, dass ab dem Jahr 2016 der Bund und ab dem Jahr 2020 die Ausgaben der Bundesländer die Einnahmen nicht übersteigen dürfen.

Ziel der Schuldenbremse war auch eine Gerechtigkeitslücke zu schließen und gleichzeitig fiskalischen Handlungsspielraum in der Zukunft zu sichern. Pointiert formuliert sollten Kinder nicht für den *unverdienten* Lebensstil ihrer Eltern bezah-len (Generationsgerechtigkeit) und zusätzlich sollten die Zinsen für die Ausgaben der Vergangenheit die Handlungsfähigkeit der Politik der Zukunft nicht aufzehren.

Die damit verbundenen, weiteren harten Einschnitte sind abzusehen – oft sind sie heute aber weder im Bewusstsein vieler Politiker noch bei den Bürgern im erforderlichen Maße verankert. Denn die Schuldenbremse bedeutet nichts anderes, als dass wir uns vorgenommen haben (anders als im letzten halben Jahrhundert), nicht mehr über unsere Verhältnisse zu leben. Hier tut Differenzierung Not, auf die unten näher eingegangen wird.

1.3 Positive Gesamtwirtschaft nur Momentaufnahme – Konsolidierungsrisiken voraus

Nun kann angeführt werden, dass seit der Einführung der Schuldenbremse maß-gebliche Schritte in Richtung ausgeglichene Haushalte vollzogen wurden und das Thema Schulden somit an seiner Brisanz verloren hat. Bekanntlich sind allerdings *halbe Wahrheiten* teilweise schlimmer als *ganze Lügen*.

Richtig ist, dass der Bundesfinanzminister für das Haushaltsjahr 2014 zum ers-ten Mal einen ausgeglichenen Bundeshaushalt seit dem Jahr 1969 erreicht und für 2015 einen ebenfalls ausgeglichenen Haushaltsplan vorgelegt hat. Hinzu kommt, dass Bund, Länder und Gemeinden im ersten Halbjahr 2014 einen Haushaltsüber-schuss erzielt haben. Und richtig ist auch, dass die Bundesländer teilweise große Fortschritte erzielen sowie einige Länder Schulden tilgen.

Ein Blick auf die ökonomischen Rahmenbedingungen relativiert diese Erfolge jedoch stark und zeigt, dass diese positiven Entwicklungen oft zu großen Teilen *Windfallprofits* darstellen. Denn sämtliche relevanten makroökonomischen Ein-flussfaktoren sind den Protagonisten in den *Schoß gefallen*. Man kann auf Basis dieser Momentaufnahme in keiner Weise davon ausgehen, dass das Thema Schul-den an Dringlichkeit verloren hat. Denn noch nie in der deutschen Nachkriegs-geschichte gab es derart günstige makroökonomische Rahmenbedingungen für Haushaltsanierungen:

1. *Beschäftigung*: Die Arbeitslosenzahlen sind in Deutschland so niedrig wie lange nicht mehr, damit sind die Kosten der Sozialkassen auch niedrig und im Gegenzug Lohnsteuereinnahmen hoch. Gemäß Bundesagentur für Arbeit (2014) gab es in Deutschland saisonbereinigt Mitte des Jahres 2009 ca. 27,5 Mio. sozialversicherungspflichtig Beschäftigte. Bis 2014 stieg diese Zahl kontinuierlich an. Im Jahr 2014 wurde ein Allzeithoch von über 30 Mio. erreicht.

2. *Wechselkurse*: Die schwache Konjunktur der anderen Euroländer schwächt den Euro und stärkte damit die deutsche Exportindustrie. Dies ist nicht im Wechselkurs zum US-Dollar (bei dem ein viel größeres Schuldenproblem vorliegt), aber in dem zu anderen Währungen abzulesen. Führt man sich jedoch vor Augen, welche Schwierigkeiten die Schweizer Exportindustrie durch die Aufwertung des Franken hatte, ist zu erahnen, welche rapide Aufwertung eine Ankerwährung *Deutsche Mark* inmitten kriselnder europäischer Nachbarländer erfahren hätte und welchen Schaden durch eine Aufwertung für die Konjunkturstütze Exportwirtschaft entstanden wäre.

3. *Zinssatz*: Während der Ölkrise der Jahre 1973/1974 lag der 3-Monats-Geldmarkzinssatz bei 14 %. Heute liegt er bei nahe Null. Die Staatsverschuldung Deutschlands (Bund, Länder, Gemeinden, gesetzliche Sozialversicherung und Sondervermögen des Bundes) lag am 31. Dezember 2013 bei ca. 2000 Mrd. €. Nach der Regel, die nach dem US-Ökonomen John B. Taylor benannt ist, müsste der Zins in Deutschland zwischen 2 % und 2,5 % liegen, was einer höheren Zinslast von mehr als 40 Mrd. €, und damit ca. 13 % des Bundeshaushalts entsprechen würde. Nach validen Prognosen wird das Anleiheankaufprogramm der EZB diesen Effekt noch weiter verstärken (Kaiser 2015).

4. *Steuereinnahmen*: Die gute Konjunktur der letzten Jahre hat zu wachsenden Steuereinnahmen geführt. Die Steigerungen der Steuereinnahmen waren teilweise so hoch, dass selbst politisch motivierte positive Steuerschätzungen übertroffen wurden. Ob wegen diesen hohen Steuereinnahmen Deutschland mittlerweile von der OECD (2015, S. 197) als kaum reformwillig eingestuft wird, scheint eine bedenkenswerte Hypothese zu sein.

5. *Ölpreis*: Im Jahr 2012 überstieg der Preis für das Barrel Rohöl der Sorte Brent zeitweise die Marke von $ 125. Das Frühjahr 2015 sieht Preise die die $ 50 Grenze unterschreiten, was das verfügbare Einkommen der deutschen Verbraucher erhöht und so wie ein Konjunkturkatalysator wirkt.

Ändern sich diese – nennen wir sie – perfekten Rahmenparameter, wird es viel schwieriger werden, Konsolidierungseffekte zu realisieren. Das Herbstgutachten (2014, S. 1) der Wirtschaftsforschungsinstitute und weitere Meldungen deuteten an, dass sich das Zeitfester für relativ leicht zu realisierende Haushaltseffekte schließen könnte.

Zu den angeführten fünf makroökonomischen Risiken treten weitere hinzu. So weist das Statistische Bundesamt (2014, S. 193) auf die steigenden Versorgungsausgaben insbesondere der westdeutschen Bundesländer hin und macht deren Auszahlung von der zitierten konjunkturellen Entwicklung abhängig, und die Bertelsmann Stiftung (2009, S. 10 ff) sieht neben dem demografischen Wandel (der z.Zt. ebenfalls durch eine große Zuwanderung gebremst wird) und dem Wandel des Klimas zahlreiche weitere Risiken für eine Konsolidierung der Haushalte. Ob man so weit gehen sollte und wie *Prof. Dr. Hendrik Müller* (2014) von der Technischen Universität Dortmund, im hohen Schuldenstand den *Sprengstoff aus dem die nächste globale Krise sein wird* zu sehen, muss die Zukunft zeigen. Die Zukunft wird zudem auch zeigen, wann sich das Zeitfenster für nachhaltige Sanierungen durch die Änderung erwähnter Rahmenparameter schließt.

1.4   One size fits all? – Differenzierung beim Sparen tut Not

Mit den Worten *Differenzierung tut Not* führt der Deutschen Städtetag (2013, S. 1) in den Gemeindefinanzbericht ein und spricht sich damit für eine Ungleichbehandlung der Kommunen bei der Schuldenproblematik aus. Das, was für die kommunale Ebene gilt, gilt ebenfalls für die Landesebene. Was ist damit gemeint? Die finanzielle Lage in den deutschen öffentlichen Haushalten ist so unterschiedlich, dass dies maßgeblichen Einfluss auf den Modus des Sparens hat:

Wie erwähnt beabsichtigt der Bund auch in 2015 ohne Schulden auszukommen. Die Länder Bayern, Mecklenburg-Vorpommern, Sachsen und Thüringen haben bereits im Jahr 2012 strukturelle Überschüsse erzielt – konjunkturbereinigt können diese Länder bereits jetzt Schulden tilgen. Gleiches ist für Brandenburg, Sachsen-Anhalt und Berlin absehbar, wobei insbesondere im Fall Berlin große Transferzahlungen aus dem Länderfinanzausgleich berücksichtigt sind. Für den Rest der Länder prognostiziert das Institut der deutschen Wirtschaft Köln (2013, S. 30) *zusätzliche Einschnitte* noch in diesem Jahrzehnt.

Abbildung 1.1 zeigt exemplarisch die Größe der Unterschiede auf Landesebene. Während sich Bayern entschuldet, scheinen sich Bremen und das Saarland in einer Abwärtsspirale zu befinden. Die Kluft zwischen den Bundesländern weitet sich.

Die Unterschiede sind auf kommunaler Ebene nach der Einschätzung des Deutschen Städtetags (2013, S. 23) sogar noch größer als bei den Ländern, was

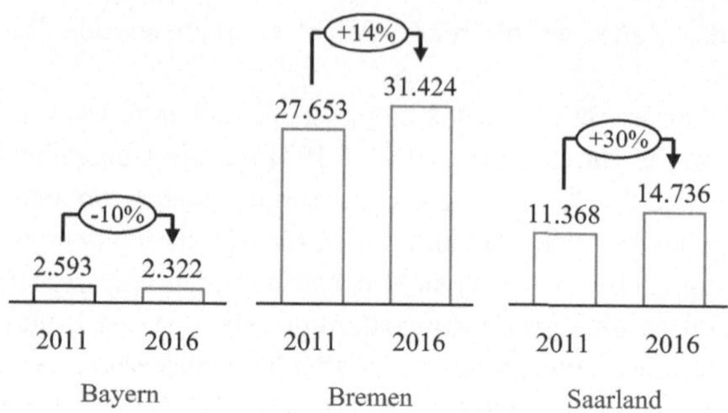

Abb. 1.1 Schulden des Bundeslandes in Euro je Einwohner. (Quelle: Kennziffern zur aktuellen Haushaltslage im Stabilitätsrat (Berichtsjahr 2013); 8. Sitzung des Stabilitätsrates am 5. Dezember 2013)

dazu führt, dass die Art, wie die Kommunen zu behandeln sind, sich sehr unterscheidet. Da dies naturgemäß auch großen Einfluss auf die Intensität des Sparens hat, macht es Sinn, auf die Typologie des Deutschen Städtetags (2013, S. 23–28) einzugehen. Bei der nachfolgenden Zusammenfassung in Tab. 1.1 wurden bewusst Veränderungen vorgenommen. Dies geschah mit dem Ziel, eine generelle Typisierung aller Konsolidierungsobjekte bzw. öffentlichen Haushalte vorzunehmen.

Die Tabelle zeigt, dass je nach Art des öffentlichen Haushalts ein anderer Sparansatz verfolgt werden muss. Diese Typisierung hat, wie jede Typisierung, nicht den Anspruch jeden öffentlichen Haushalt punktgenau und trennscharf einordnen zu können. Vielmehr sollen Grundtypen sichtbar werden, aus denen wiederum Grundtypen von Sparansätzen folgen.

Es ist wahrscheinlich, dass diese Unterscheidung immer wichtiger wird, da Abb. 1.1 und Tab. 1.1. in Übereinstimmung mit der Bewertung des Deutschen Städtetags (2013, S. 28) von einer steigenden Spreizung zwischen *arm* und *reich* ausgehen. Damit wird das Thema Sparen nichts an seiner Aktualität verlieren, auch wenn die führenden deutschen Wirtschaftsforschungsinstitute in ihrem Herbstgutachten (2014, S. 4) für 2015 von einem Finanzüberschuss des Staates als Ganzes ausgehen.

Diese ist aber nur die kurzfristige ökonomische Dimension des Sparens. Gemäß der Bertelsmann Stiftung hat das Sparen, wie Abb. 1.2 zeigt, eine kurz-, mittel- und langfristige Dimension und sichert in diesen Kategorien die Zahlungs- und Handlungsfähigkeit des Staates. Diese Zahlungs- und Handlungsfähigkeit des Staates ist sodann die Basis für wirtschaftliches Wachstum, welches seinerseits auf einer

Tab. 1.1 Typisierung der Konsolidierungsobjekte. (Quelle: In Anlehnung an Deutscher Städtetag (2013, S. 23-27))

	Typ A	Typ B	Typ C	Typ D
	Hotspot	Typisch	Bedroht	Stark gefährdet
Innenfinanzierung	Überdurchschnittlich	Stabil	Unzureichend	Auch langfristig stark unzureichend
Außenfinanzierung	Keine Gelder von außen oder Schuldenaufnahme notwendig	Hilfe von anderen Körperschaften gefordert	Hilfe von anderen Körperschaften unzureichend, Zwang zu weiterer Verschuldung	Zuwendungen und weitere Schulden für „Betrieb", Tilgung und Investition notwendig
Bewegungsrichtung	Nach vorn	Keine, Stabilität	vor Abgleiten	Abwärtsspirale
Ressourcennutzung und Substanz	Substanz kann aufgebaut werden	Substanz wird erhalten	Lebt u. a. von Substanz	Starker Substanzverzehr
Charakteristika	– Wachstumsschmerz – Hohe Lebenshaltungskosten	Ressourcenmangel	„nur" Haushalt ruiniert	– Abwärtsspirale aus Lebensqualität, Standortattraktivität und wirtschaftlicher Prosperität – Gefahr der Politikverdrossenheit, da Handlungsspielraum unzureichend
Konsolidierungsdruck	Nicht vorhanden	Überall vorhanden und führt zu strenger Prioritätensetzung	Führt an vielen Stellen zu Engpässen	Führt zu Unterfinanzierung in fast allen Bereichen
Sparansatz	Sparen nicht notwendig	In vielen Bereichen Sparen notwendig	In allen Bereichen notwendig	In allen Bereichen unter Billigung dauerhafter Schäden

ganzheitlichen Ebene die Grundlage für eine positive wirtschaftliche und gesamtgesellschaftliche Weiterentwicklung ist. Sparen ist somit Kernelement einer nachhaltigen ganzheitlichen gesellschaftlichen Weiterentwicklung.

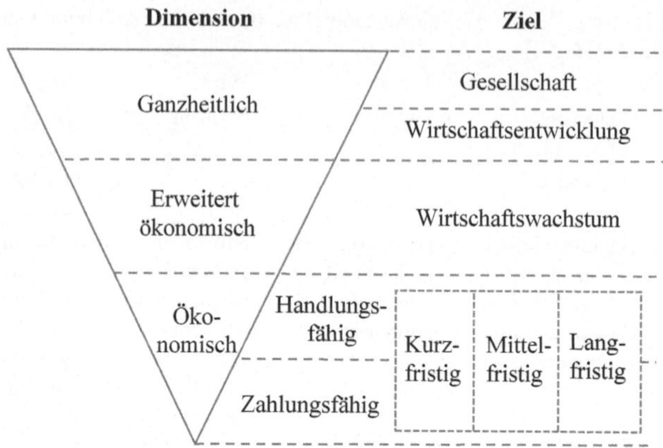

Abb. 1.2 Sparen als Kernbestandteil nachhaltiger Haushaltspolitik. (In Anlehnung an: Riedel 2014, S. 2. (eigene Darstellung))

> **Zusammenfassung** Seit den 1950er Jahren sind in Deutschland die Schulden kontinuierlich gestiegen, weshalb durch Sparen Schaden von der Gesellschaft abgewendet werden soll.
>
> Zurzeit existiert finanzpolitisch eine Sondersituation. Im Jahr 2014 wurden auf Bundesebene erstmals Überschüsse verbucht, die nach aktuellen Prognosen auch in 2015 realisiert werden. Dies ist nur möglich, weil die ökonomischen Rahmenbedingungen so gut sind wie noch nie. Allerdings gibt es sehr große Unterschiede zwischen den Haushalten, so dass selbst bei anhaltenden, sehr positiven Rahmenbedingungen in einzelnen Haushalten unter notgedrungener Billigung dauerhafter Schäden strikt gespart werden muss.
>
> Ändern sich die z.Zt. nahezu idealen makroökonomischen Rahmenparameter wird das Sparen eine gesamtgesellschaftlich noch härtere Aufgabe. Die Erfüllung dieser Aufgabe ist die Voraussetzung einer positiven Wirtschaftsentwicklung und nachhaltigen gesamtgesellschaftlichen Entwicklung.

Grundzüge einer Soziologie des Sparens 2

Die Wissenschaft der Psychologie will den *einzelnen* Menschen verstehen. Die Soziologie hat das Ziel zu verstehen, wie *Menschen interagieren*. Somit ist sie die richtige Disziplin, den Themenkreis des Sparens zu beleuchten, da Sparen immer menschliche Interaktion ist.

Luhmann hat mit seiner Theorie ein gerade auch für diesen Themenkomplex hilfreiches Werkzeug zur gesamtgesellschaftlichen Analyse hinterlassen. Zentrale Begriffe seines Werks sind allerdings nicht immer exakt definiert und sein Werk ist teilweise abstrakt sowie praxisfern. Außerdem erschweren Widersprüche und Paradoxien, die übrigens von Luhmann zugegeben werden, die Fixierung eines soliden Fundaments, auf dem eine Soziologie des Sparens errichtet werden kann. Wenn *Luhmann (1997, S. 46)* zudem über sein Bedürfnis berichtet, *in jedes seiner Bücher mindestens einen Unsinn hineinzubringen,* spricht dies natürlich für seinen Humor, erleichtert die hier intendierte Arbeit aber nicht. Um eine verständliche, möglichst widerspruchsfreie und praxistaugliche Soziologie des Sparens zu präsentieren, war es somit nötig:

- Paradoxien aufzulösen, indem u. a. Teilaspekte einzelner Fragen ausgespart werden,
- in Analogie zu Luhmanns Denkweise neue Theorieteile zu entwerfen,
- Luhmanns Ansatz in praktische Beispiele zu transferieren, ohne sein Feedback zu kennen und sich dabei konkreter und damit angreifbarer zu machen, als er es war, und
- in der gesamten Darstellung stark zu vereinfachen, unter Inkaufnahme der Gefahr ungenau zu werden, um die Komplexität der Darstellung zu reduzieren.

Nachfolgend werden die Grundzüge der Systemtheorie erklärt, um später mit ihr eine Sezierung der Praxisbeispiele des Sparens in öffentlichen Haushalten vorneh-

© Springer Fachmedien Wiesbaden 2016   9
I. Caspari et al., *Sparen in öffentlichen Haushalten,* essentials,
DOI 10.1007/978-3-658-10908-0_2

men zu können. Das Verständnis der *Systemtheorie* wird wahrscheinlich zunächst mühsam werden. Wir sind jedoch zuversichtlich, dass sich zeitnah Lerneffekte einstellen: Ähnlich wie beim Aufbau von IKEA-Schränken, wo sich nach anfänglichem Unbehagen die Vertrautheit mit dem ungewohnten System, und damit der Spaß etwas Neues selbst zu konstruieren, einstellt.

2.1 Systemtheorie ist ein besonderes Werkzeug – warum eigentlich?

Die Systemtheorie des Soziologen *Niklas Luhmann* ist in vielerlei Hinsicht *besonders*:

- Unter anderem *besonders* umfangreich. Wir schätzen den Gesamtumfang auf über 14.000 Seiten.
- Besonders, nämlich *besonders gut geeignet* für die Analyse des Sparens, ist sie, weil sie eine Kommunikationstheorie ist. Diese fokussiert auf die Kommunikation unterschiedlicher gesellschaftlicher Funktionssysteme. Die Kraft, die nach *Goethe* (1999, S. 34) die Welt im Innersten zusammenhält, ist nach Luhmann, die *Kommunikation*, aus der alles besteht. Da das Sparen ebenfalls in diesem Essential als ein rein kommunikativer Prozess gesehen wird, ist eine soziologische Kommunikationstheorie *besonders* gut für eine Analyse des Sparens geeignet.
- *Besonders* schwierig ist Luhmanns Theorie auch, weil der Mensch als Subjekt fehlt und damit dem Abstraktionsvermögen des Lesers einiges abverlangt wird. Denn unsere Sprache und damit unser Denken sind durch das *Subjekt* geprägt: Seit Descartes' *Ich denke also bin ich*, ist das *Ich* der gebräuchlichste Ausgangspunkt jeden Verstehens. Zwar regt sich im Nachgang zu Hegels Denken Zweifel an der subjektzentrierten Vernunft in der Philosophie (Habermas 1988, S. 426), dennoch stellt diese Denkweise immer noch den Mittelpunkt unseres Denkens dar. Das schwierige ist nun: bei Luhmann gibt es nur Systeme. Der Mensch, das Subjekt als Akteur kommt nicht mehr vor. Dies hat einen nicht zu überschätzenden Vorteil. In der Regel werden Menschen für erfolgreiches Sparen oder für nicht erfolgreiches Sparen verantwortlich gemacht. Fehlt der Mensch, ist dies nicht möglich und eine Debatte kann maßgeblich unaufgeregter geführt werden, da Schuldzuweisungen somit unmöglich sind.

2.2　Systemtheoretische Begriffe – die Werkzeuge zur Analyse des Sparens

Ziel dieses Essentials ist es, anders als bisher auf gesellschaftliche Kommunikation und auf den Prozess des Sparens zu schauen, was mittels neuer Begriffe möglich wird. Diese neuen Begriffe sind neue Werkzeuge, die eine neue Beschaffenheit haben, weshalb mit ihnen auch etwas Neues hergestellt werden kann.

Zum Hintergrund neuer *Begriffswerkzeuge* ist eine Reflexion angebracht: Als z. B. Heidegger (1923, S. 212) eine neue Weltsicht entwarf, musste er neue Begriffe verwenden, um Neues zu sagen. Dies führte zu Sätzen wie: *Nur weil Dasein als existierendes in der Welt ist, kann es lernen, sich so und so zu Seienden zu verhalten und mit ihm sich auseinanderzusetzen; aber nicht kommt es dadurch erst zum Seienden.* Dies ist intuitiv wohl kaum verständlich und daher nicht praxistauglich. Wir halten uns daher, trotz unseres theoretischen Anspruchs, nachfolgend lieber an philosophische Beiträge wie jene des jüngeren *Wittgenstein* (1963, S. 42), der feststellte: *Alles was sich aussprechen lässt, lässt sich klar aussprechen.*

Demzufolge werden nun, mit der gebotenen Klarheit, die wichtigsten Begriffe erläutert; auf weitere Elemente einer Theorie des Sparens wird im Rahmen der Beispiele in Abschnitt drei eingegangen.

2.2.1　Systeme – es gibt sie wirklich!

Unsere philosophische Diskussion unterscheidet vereinfacht zwei Denkschulen. Stark vereinfacht glauben die Anhänger des *Realismus*, dass es eine vom Betrachter unabhängige Welt gibt, die erkannt werden kann und wirklich so ist, wie sie erkannt wird. Konstruktivisten hingegen glauben, dass es *keine* vom Betrachter unabhängige Welt gibt. Ironisiert kann man mit Astrid Lindgren sagen: *Ich mache mir die Welt, wie sie mir gefällt.* Oder anders – es kommt für einen Konstruktivisten immer auf den selektiven Blickwinkel, also den Standpunkt des Betrachters, an. So sieht z. B. der Marxist überall Klassenkämpfe und der Freudianer Phallussymbole. Diesem Buch liegt Luhmanns These zu Grunde, dass es Systeme *wirklich* gibt und diese nicht bloß in unserem Geist konstruiert sind (Luhmann 1985, S. 599). Wie halten diese Annahme für plausibel, denn jeder kennt Personen, die in ihren eigenen Denkschemata verhaftet sind und sich konform ihrer Umgebung verhalten. Erweitert man den Luhmannschen Begriff des Systems auf Ideologien, die ebenfalls geschlossene Kommunikationsschemata sind, wird virulent, wie erschreckend real Systeme sein können.

Luhmann hat seiner Nachwelt ein schier unüberschaubares Diskursuniversum hinterlassen, sodass auch ein sehr geduldiger Rezipient nur einen kleinen Ausschnitt sein Eigen nennen kann. Da ein *Reiseführer* demzufolge ohnehin nur kleine Teile des unüberschaubaren *Luhmannlands* vorstellen kann, schmerzt die nachfolgend notwendige Einschränkung möglicherweise nicht zu sehr. Die für den Prozess des Sparens bei öffentlichen Haushalten relevanten *Subsysteme* fasst Tab. 2.1 zusammen. Jedes dieser in der Tabelle dargestellten Systeme ist wichtig. Kein System ist relevanter oder bedeutsamer als das andere. Keines hat die Deutungshoheit über ein anderes.

Das Gros der Tabelle ist mit zwei Ausnahmen Reese-Schäfer (2001, S. 167 f.) angelehnt:

1. Die erste Ausnahme ist die Ergänzung des Subsystems der *Verwaltung*, welches es in Luhmanns Theorie nicht gibt. Denn Luhmann (2000, S. 14) differenziert nicht zwischen Politik und Verwaltung, was stark verwundert, weil Luhmann lange Verwaltungsbeamter in Lüneburg war und zu einem verwaltungswissenschaftlichen Thema habilitierte.
2. Die zweite Ausnahme ist die Ergänzung des Subsystems Ökologie mit seinem Code umweltfreundlich vs. nicht umweltfreundlich und seinem Programm Umweltschutz.

2.2.2 Strukturelle Kopplung – Subsysteme interagieren indirekt über sie

Die dargestellten gesellschaftlichen Funktionssysteme werden auch *Subsysteme* genannt, da sie Teile eines größeren Ganzen, der Gesellschaft sind. Die Systeme sprechen unterschiedliche *Sprachen* und können deshalb nur über eine Art Dolmetscher kommunizieren, den Luhmann strukturelle Kopplung nennt. Diesen Dolmetscher, der für den Prozess des Sparens essentiell ist, beschreibt Luhmann nicht hinreichend genau. Demzufolge war es notwendig, einen weiteren Eingriff in die Systemtheorie Luhmanns vorzunehmen, indem der Begriff *strukturelle Kopplung* konkretisiert wird. Fortan ist die *Kommunikation von intersubjektiven, harten Fakten* die Definition der *strukturellen Kopplung*. Zu den systemunabhängigen harten Fakten gehören z. B. der Schuldenstand, das Wirtschaftswachstum, die Bevölkerungspyramide oder der Zinssatz. So nimmt das System Kunst den Zinssatz indirekt wahr, wenn Stiftungen weniger Zinserträge verbuchen können und dadurch Ausstellungen nicht finanziert werden können, wie dies z. B. bei einer Ausstellung zur Aufbereitung der DDR-Geschichte der Fall war. Es entfalten sich natürlich

Tab. 2.1 Ausgewählte gesellschaftliche Subsysteme. (Quelle: In Anlehnung an Reese-Schäfer (2001, S. 167 f.))

Nr. u. Name des System	Funktion	Code	Medium	Programm
(0) Wirtschaft	Herstellung von Gütern	Haben vs. Nichthaben	Geld, Eigentum, quantitative Transparenz	Knappheit, Preis
(1) Kunst	Produktion, Präsentationen und Reflexionen von Kunstwerken	Traditionell: Schön vs. hässlich modern: innovativ/alt	Geschmacksurteile, Kunstwerke	Stile
(2) Ökologie	Sicherung der langfristigen Lebensgrundlage der Gesellschaft	Umweltfreundlich vs. nicht umweltfreundlich	Vorschriften, Gesetze, Mobilisierung	Umweltschutz
(3) Wissenschaft	Produktion neuer Erkenntnisse	Wahr vs. unwahr	Wissenschaftliche Erkenntnisse	Forschung
(4) Recht	Sicherheit und Entscheidung von Konflikten	Rechtmäßig vs. unrechtmäßig	Recht (= Gesetze, Entscheidungen)	Recht, Ordnung
(5) Politik	Herstellung kollektiv bindender Entscheidung	Regierung vs. Opposition	Konkurrenz um Macht und öffentliche Ämter	Politische Ideen und Ideologien
(6) Ethik	Moralreflexion, Moralbegründung, Moralkontrolle	Gerecht vs. ungerecht	Moral, Anklage	Praktische Philosophie
(7) Verwaltung	Funktionierender Staat; Sicherheit im Zusammenleben, Umsetzung Politik	Funktionsfähig vs. nicht funktionsfähig	Vorschriften, Sanktionen	Sicherheit im Staat
(8) (Soziale) Bewegung	Einführung unspezifischer Probleme in Systemstrukturen	Betroffen vs. nicht betroffen	Mobilisierung	Protest
(9) Massen-Medien	Information und Unterhaltung	Information/ Nichtinformation	Kommunikationsmedien, Sprache, Bilder	Mitteilungen

auch Debatten darüber, ob auch diese harten Fakten nicht doch subjektive Elemente haben. Wir wollen uns an dieser Stelle aber nicht in Überkomplexität verlieren.

2.2.3 Code, Medium, Funktion und Programm – so funktioniert jedes Systems

Tabelle 2.1 erklärt jedes Subsystem anhand von vier Attributen. Zunächst hat jedes Funktionssystem, wie der Name schon sagt, eine *Funktion*, d. h. eine spezielle Aufgabe, die es erfüllt. Das politische System kreiert kollektiv bindende Entscheidungen, die Wirtschaft ist für die Güterproduktion zuständig, etc. Der *Code* jedes Systems ist binär, wie die Computersprache: Eins oder Null. So wird offensichtlich, in welchen zwei einfachen Kategorien jedes System funktioniert. Jedes Funktionssystem muss sich letztendlich, um zu existieren, in einem *Medium* bewegen. Fehlt das *Medium*, fehlt die Materie zum Leben. So breitet sich der Schall im luftleeren Raum überhaupt nicht aus, da das Medium zur Ausbreitung fehlt. Wie der sprichwörtliche Fisch im Wasser, fühlt sich das Funktionssystem nur in seinem Medium wohl. Als letztes Attribut gibt das *Programm* Auskunft über die grundsätzliche Ablaufroutine innerhalb eines Subsystems. Diese vier Attribute machen jedes Funktionssystem zu einem sinnvollen Bestandteil der Gesellschaft und stellen die erforderlichen Analysewerkzeuge dar.

2.2.4 Geschlossenheit – Differenz zu anderen Systemen ist entscheidend

Das, was die unterschiedlichen Funktionssysteme ausmacht, ist ihr Unterschied zu ihrer *Umwelt*, die die anderen Systeme darstellen. Jedes einzelne System ist selbstreferenziell, d. h. es kommuniziert nur mit sich, was natürlich nicht verwundert, da kein anderes System seine Sprache spricht. Die Folge sind, vom Grundsatz her, autarke Systeme.

Es kann also nicht zwischen den unterschiedlichen Systemen übersetzt werden. Die Wissenschaft kennt dieses Problem. Sie nennt diese fehlende Anschlussfähigkeit *Inkommensurabilität*, welche bei ähnlichen Fragstellungen zu vergleichbaren Problemen führt (vgl. z. B. Fagagnini und Caspari 2009).

Akademischer ausgedrückt kann man sagen: Analog der babylonischen Sprachinkonsistenz *versteht* jedes System nur sich selbst. Jedes System ist konsequenterweise egozentriert und allein auf seinen Fortbestand bzw. seine Weiterentwicklung (Autopoiesis) sowie auf seine Abgrenzung zu anderen System bedacht. Dies ist nur konsequent, denn im Unterschied, bzw. aus ihrer Abgrenzung erwächst die Berechtigung der Existenz als eigenes, gesellschaftlich notwendiges System. So sieht Christian Lindner, Vorsitzender der FDP, in der Profilschärfung den Schlüssel zu einem künftigen Erfolg seiner Partei. Sieht man die FDP als soziales System, handelt Herr Lindner stringent nach der Systemtheorie Luhmanns.

2.2.5 Sinn – jedes System gibt Beobachtungen seine eigene Bedeutung

Die *selektive Wahrnehmung* ist in der Psychologie breit und gut erforscht. Jedes gesellschaftliche Subsystem hat ebenfalls seine eigene selektive Wahrnehmung. Die oben dargestellten *Codes* und Medien illustrieren dies. Jedes System denkt in seinen Kategorien und interpretiert seine Umwelt, erkennt nach seiner eigenen Logik Wiederkehrendes, die es zu sinnvollen Mustern zusammensetzt, so dass alles aus der Sicht des individuellen Systems *Sinn* ergibt.

2.3 Sparen aus Sicht der Systemtheorie – wie funktioniert das?

Und, wie läuft das Sparen nach Luhmann ab? Hierzu hat Luhmann selbst keine Ausführungen gemacht. Die Autoren waren somit aufgerufen, die allgemeine Systemtheorie Luhmanns speziell auf die Fragestellung des Sparens hin weiterzuentwickeln. Der Ausgangspunkt dieser Weiterentwicklung war die Praxis. Autoren dieses Essentials haben sich über Jahre mit der Praxis des *Sparens* auseinandergesetzt und kennen die Herausforderung des Sparens aus vielen stark divergierenden Aktivitäten. Durch diese zog sich ein Grundmuster. Umgangssprachlich könnte man die Gemeinsamkeit zunächst grob folgendermaßen zusammenfassen: Sparen betrifft unterschiedliche Bereiche (Subsysteme) der Gesellschaft, die ganz unterschiedlich funktionieren und deshalb schwer auf einen Nenner gebracht werden können.

Warum dies im Detail so ist, ist nun zu erklären. Bevor auf den Ablauf des Sparens eingegangen wird, ist es aus Gründen des besseren Verständnisses dabei sinnvoll, zunächst den Aufbau zu beschreiben und dann auf den Prozess einzugehen.

2.3.1 Aufbau – Sparnutzen im System der Wirtschaft, Nachteile anderswo

Das System der Wirtschaft ist, wie jedes andere Subsystem auch, selbstreferenziell, d. h. wirtschaftliche Argumente beziehen sich auf Argumente und Fakten der Wirtschaft und *nicht* auf Medien, Codes und Programme anderer Systeme. Andere Systeme verstehen deshalb das wirtschaftliche System nicht, denn *Sinn ist ein Operationsmodus spezifischer Systeme ... und kommt außerhalb dieser Systeme ... nicht vor* (Luhmann 1990, S. 306).

Der positive Effekt des Sparens zeigt sich in einem einzelnen, nämlich ausschließlich im wirtschaftlichen System. Banal formuliert: Man spart in Euro. Also in einem Medium, das nur das wirtschaftliche System als zentrales Steuerungselement verwendet. Die Politik dagegen geht vereinfacht zunächst einmal davon aus, dass Geld einfach da ist oder notfalls gedruckt oder durch Schulden oder Steuern erhoben werden kann. Das Ziel ist der Machterhalt oder Machtgewinn, und wenn es diesem dient, dann können letztlich auch katastrophische Situationen wie Inflationen oder die historisch unregelmäßig, aber zuverlässig auftretenden Staatsbankrotte die Folge sein.

Die i.d. R. negativen Auswirkungen des Sparens zeigen sich aber meist nur in anderen Systemen – nicht dem der Wirtschaft. Wie bereits ausgeführt interagieren die Systeme nur unzureichend, was zur Folge hat, dass das eine System den *Nutzen* hat, die anderen aber den Schaden haben. Verständlich, dass die anderen Systeme auf das wirtschaftliche System *nicht gut zu sprechen sind.*

Ungeachtet dieser verständlichen Antipathie versucht das System der Wirtschaft, mit seinen für die anderen Systeme *unverständlichen* Termini zu argumentieren, warum sich andere Systeme verändern müssen, damit im wirtschaftlichen System die gewünschten Resultate erreicht werden. Dies ist die statische Betrachtung, de facto ergibt sich diese Situation nach verschiedenen Prozessschritten, die nun erläutert werden.

2.3.2 Ablauf – Egozentrierte Kommunikation konfligierender Systeme

Der stark schematisierte Prozess des Sparens wird durch das wirtschaftliche System angestoßen, denn nur dieses System hat, wie Tab. 2.1 zeigt, zwei entscheidende Attribute. Das Medium Geld und dass Programm der Knappheit, die als Elementarteilchen des Sparens angesehen werden können. So wie die massereichen Protonen und Neutronen der Kern jedes Atoms sind, braucht das Sparen das wirtschaftliche System und insbesondere die genannten beiden Attribute. Die anderen Systeme können nicht in den wirtschaftlichen Kategorien kommunizieren und sehen sich deshalb in ihrer Funktion und ihrer Weiterentwicklung (Autopoiesis) durch das Primat des wirtschaftlichen Systems gefährdet. Aus der Sicht einer Soziologie des Sparens geht es überhaupt nicht um das Spardiktat an sich, was aus Sicht der anderen Systeme ohnehin unverständlich ist. Vielmehr geht es um die Bedrohung des eigenen Systems durch das System der Wirtschaft. Ein wirklicher *Clash of Civilisations*. Da die gesamte Gesellschaft nach Luhmann aus Kommunikation besteht, können die bedrohten Systeme ihrerseits sich nur mittels Kommunikation zur Wehr setzen. Entweder kann die Abwehrkommunikation nur auf die eigenen Medien, Codes und Programme zurückgreifen und auf die eigene Aufgabe (Funktion) verweisen, oder es werden andere Systeme aktiviert. Aber der Reihe nach (Abb. 2.1):

Abbildung 2.1 zeigt den stark vereinfachten schematisierten Prozess des Sparens der in Abschn. 3 mit Beispielen aus der Praxis untermauert wird. Zunächst ist das politische System für das Programm der Knappheit des wirtschaftlichen Systems vollkommen unempfänglich, da es diese nicht kennt:

1. Erst wenn die *Macht* des politischen Systems gefährdet ist, nimmt die Politik die Knappheit als relevante Größe wahr. Die in der Einleitung beschriebene Schuldenentwicklung in der gesamten Triade unterstreicht dies.
2. Sodann bedient sich das politische System in Ermangelung anderer Termini wirtschaftlicher Begriffe, und

Abb. 2.1 Sparen als Prozess

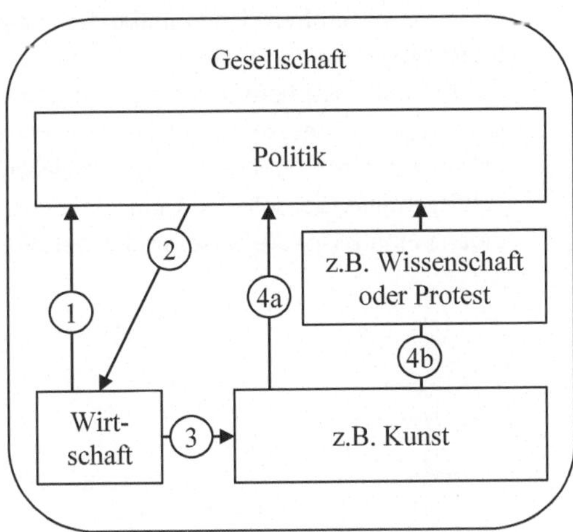

3. versetzt das wirtschaftliche System in die Lage, andere Systeme (z. B. Kunst) gemäß des wirtschaftlichen Systems zu verändern.
4. Für das angegriffene System (z. B. Kunst) sind die vorgebrachten Termini systemfremd. Demzufolge kann es nur auf zwei Weisen antworten. Entweder wird auf Basis der eigenen Attribute versucht, die Initiative des politischen Systems zu stoppen (4a). Oder andere Systeme werden als Verbündete gesucht (4b) z. B. die Wissenschaft oder soziale Bewegungen.

In unterschiedlichen Konstellationen werden in Abschn. 3 Praxisbeispiele diese grundsätzliche Logik untermauern.

> **Zusammenfassung** Der Mensch existiert in der Luhmannschen Systemtheorie nicht, was eine Herausforderung für unser Denken darstellt. Die gesamte Gesellschaft und ihre Sub- oder Funktionssysteme bestehen aus Kommunikation. Allerdings kommuniziert jedes System egozentriert und lebt autark. Die Politik kommuniziert anders als die Wirtschaft und diese wiederum anders als die Verwaltung oder die sozialen Bewegungen. Diese verstehen sich deshalb nicht, da ihr Vokabelschatz überschneidungsfrei ist. Jedes dieser Systeme ist richtig und wichtig. Kein System ist besser als das andere.
>
> Das fehlende gemeinsame Vokabular macht das Sparen schwierig. Denn nur das wirtschaftliche System kennt die Begriffe Geld und Knappheit. Deshalb agiert das politische System erst, wenn Schulden für es relevante Größen beeinflussen, also zwischen Regierung und Opposition entscheiden. Dann konfrontiert das wirtschaftliche, induziert durch das politische System, wiederum andere Systeme mit der ihrerseits systemfremden Aufgabe des Sparens. Diese Aufgabe ist absolut irrelevant für die Funktionen der bedrohten Systeme. Jedoch sehen sie ihre Einflusssphäre durch das Primat des wirtschaftlichen Systems gefährdet und setzen sich konsequenterweise mit eigener Kommunikation zur Wehr, oder sie instrumentalisieren andere Systeme zwecks Schützenhilfe. So soll der Übergriff eines anderen Systems auf die eigene Einflusssphäre abgewendet werden.

Zehn Beispiele aus der Perspektive Luhmannscher Systemtheorie

3

Nachfolgend werden die entwickelten Grundzüge der Soziologie des Sparens verwendet, um Praxisbeispiele der Haushaltskonsolidierung zu analysieren. Bei der Beschreibung der Beispiele konzentrieren wir uns darauf, Gleichartigkeiten bzw. Muster klar herauszuarbeiten, auf deren Basis später Ableitungen genereller Art möglich sind.

3.1 Sparen bedroht das System Kunst

Ein Beispiel aus dem Bereich *Kunst* ist geeignet, als Einleitung zu fungieren, da es bei geringer Komplexität grundsätzliche Zusammenhänge verdeutlicht. Zum Sachverhalt:

Ende der 1970er Jahre kaufte das Land NRW zwei Pop-Art-Bilder des Künstlers Andy Warhol für umgerechnet 389.000 €, die heute ca. 100 Mio. € wert sind. Seit Jahren werden diese Bilder aus Sicherheitsgründen nicht mehr ausgestellt. Die Bilder wurden verkauft. Volker Wagner (2014), kommentierte für die Deutschen Welle, im Sinne des *Systems Kunst*. Er findet es ein *Unding*; denn eine *Kunstdividende* dürfe nicht in den maroden Landeshaushalt eingespeist werden. Implizit werden Systeme von ihm als autark gedacht, denn er stellt bei einem solchen Verkauf eine *Konventionsverletzung* des *Funktionssystems Kunst* fest. Aus Sicht des Systems Wirtschaft, dem sich der Kommentator offensichtlich nicht verpflichtet fühlt, ist es hingegen natürlich ein Glücksfall, wenn zwei Bilder zu mehr als dem 200fachen des Einkaufspeises verkauft werden können.

Dies ist ein Beispiel, welches ein Muster verdeutlicht. Zur Bewertung eines Sachverhalts bei der Haushaltskonsolidierung wird die Logik eines einzelnen Systems herangezogen. Dies ist i. d. R. keine Faulheit des Kommentators. Denn aus systemtheoretischer Perspektive ist eine Vermittlung zwischen dem System Kunst

© Springer Fachmedien Wiesbaden 2016

I. Caspari et al., *Sparen in öffentlichen Haushalten*, essentials,

DOI 10.1007/978-3-658-10908-0_3

und dem System Wirtschaft nicht zu leisten. Für das System Kunst sind unterschiedliche *Stile* (Programm) entscheidend und die Pop-Art von Andy Warhol war, wie aus dem heutigen Rückblick deutlich zu erkennen, bemerkenswert *innovativ* (vgl. Code in Tab. 2.1). Dem wirtschaftlichen System sind dieser *Code* und dieses *Programm* unzugänglich. Man spricht auch von fehlender Anschlussfähigkeit der Systeme untereinander. Das Programm der *Knappheit* und des *Preises* macht die Entscheidung für das wirtschaftliche System hingegen leicht. Eine Kommunikation zwischen beiden Systemen ist, aus systemtheoretischer Perspektive, schwer vorstellbar, was aber die kaum erfüllbare Aufgabe für das System Politik darstellt, hier abzuwägen.

3.2 Sparen bedroht das System Ökologie

Im Rahmen der Haushaltskonsolidierung auf der Ebene der Bundesländer kann ein Finanzministerium i. d. R. nicht aus sich selbst heraus sparen, da die Budgets einzelnen Ressorts *gehören*. Klassischerweise vertritt der Finanzminister als oberster Haushälter die Perspektive des Systems Wirtschaft, wenn er das Programm der Knappheit in die gesellschaftliche Abwägung der Landesregierung einspeist.

Dem gegenüber stehen die Ressorts, z. B. das Umweltministerium, welches sich grundsätzlich analog des ökologischen Systems verhält bzw. sich eben jenem verschrieben sieht. Der Umweltminister ist ein *systemtheoretischer Zwitter*, da er einerseits seinem Ministerium vorsteht und damit Teil der *Verwaltung* ist. Andererseits ist er als Politiker Teil des Systems *Politik*. Im letztgenannten System ist zwecks Machterhalts die Wiederwahl entscheidend, weshalb ein Umweltminister zur eigenen Empfehlung die Interessen des Systems Ökologie vertreten muss. Eine Zuwiderhandlung wäre unlogisch.

Sparen in seinem Bereich ist somit dreifach schädlich:

1. Zum einen wird das System Ökologie angegriffen,
2. weshalb sich die Partei, die das Umweltministerium stellt und ihr Minister aus Gründen der politischen Selbsterhaltung (Autopoiesis) zur Wehr setzen müssen.
3. Aber nicht nur Teile des Politischen Systems sind durch das Sparen angegriffen, auch das System Verwaltung (im Umweltministerium) fühlt sich notweniger Weise bedroht.

Was bedeutet dies in der Praxis? Wenn an ein Umweltministerium, wie auch an jedes andere Ministerium die Frage herangetragen wird, in wie weit Einsparmöglichkeiten bestehen, muss – aus systemtheoretischer Sicht – die Antwort immer NEIN lauten. Falls z. B. Umweltförderprogramme vom Ministerium als „streichwürdig" identifiziert werden, würden zwei elementare systemtheoretische Fehlhandlungen begangen: Erstens würde man freiwillig Terrain des Systems preisgeben. Zweitens würde man zugeben, in der Vergangenheit etwas sinnvoll Streichbares nicht gestrichen zu haben. Nun mag in diesem Fall der Normalbürger frei nach Konrad Adenauer argumentieren: *Sie hindern mich nicht, dass ich klüger werde.* Eine Verwaltung kann das jedoch nicht. Da das Funktionieren für das System der Verwaltung Primärziel ist, muss ein Umweltministerium immer „blockieren". Nicht zu blockieren wäre nach der inneren Logik falsch, da dies das Nichtfunktionieren der Vergangenheit zeigt.

Neben diesen Überlegungen gelten die bereits für das System Kunst gemachten Feststellungen, wonach das System der Wirtschaft und das bedrohte System nicht gegenseitig kommunikations- bzw. anschlussfähig sind. Eine objektivierende Wirkung des Systems Wissenschaft (vgl. Tab. 2.1) kann leider ausgeschlossen werden. Denn der Nutzen einer „reinen" Umwelt ist oft sehr subjektiv. Anders formuliert, ob das Sparen von z. B. 1 Mio. € über das Streichen eines Umweltprojektes für die Umwelt unproblematisch ist oder einen großen Schaden für die Gesellschaft darstellt, ist eine Frage, die kaum objektiviert werden kann (vgl. Inkommensurabilität). *Die fast vollständige Vernachlässigung der Quantität* ist bei ähnlichen Fragestellungen *viele Male bestätigt worden* (Kahneman 2014, S. 122).

3.3 Sparen bedroht das System Wissenschaft

Im Folgenden wird unter dem System Wissenschaft auch der gesamte Hochschulbereich gefasst. Um es gleich vorwegzunehmen: die Konstellation und das Ergebnis gleichen den Mustern, die bereits beim System Kunst sowie beim System Ökologie zu Tage traten. Auch hier greift das wirtschaftliche System, autorisiert vom politischen, ein anderes System an (vgl. Abb. 2.1).

Es erfolgt nun – systemimmanent – die Abwehrstrategie des Systems Wissenschaft. Für das wirtschaftliche System ist es nicht ansatzweise verständlich, warum das wissenschaftliche System keinen Sparbeitrag leisten können soll. Hierbei gibt es im wirtschaftlichen System zwei Hauptargumente:

1. Der demographische Wandel tritt zunächst in den jüngeren Bevölkerungsgruppen zu Tage. Unter der Annahme gleichbleibender Betreuungsquoten (Professoren pro Student) sind demzufolge keine Qualitätseinbußen bei Kürzungen zu erwarten. Weniger Räume etc. tun zudem ihr Übriges.
2. Dabei ist noch kein Produktivitätsfortschritt berücksichtigt, den es überall gibt, da jedes System lernt. Unter Einsatz neuer Informationstechnologie müsste das Produkt Wissenschaft ohne Qualitätseinbußen günstiger herzustellen sein.

Das wissenschaftliche System kann natürlich hierbei kontern. OECD-Statistiken zeigen, dass Deutschland einen der hinteren Plätze bei der Anzahl der Universitätsabsolventen einnimmt. Wegen der neu eingeführten Masterstudiengänge im Rahmen des Bologna-Prozesses, wegen der verkürzten Abiturzeit (Doppeljahrgänge), wegen mehr ausländischer Studenten und nicht zuletzt wegen steigender Studierendenquoten seien nicht weniger, sondern mehr Ressourcen notwendig. Ein kommunikativer Ausgleich scheint zwischen diesen beiden Systemen ebenfalls unmöglich.

An dieser Stelle tritt ein weiteres wichtiges Grundmuster zu Tage, das nahezu in identischer Form bei allen Sparvorhaben auftritt: Ein wissenschaftliches System kennt sich im Bereich der Wissenschaft besser aus als das System der Wirtschaft oder das System der Politik. Je fachlicher die Kommunikation also wird, desto eher behält das angegriffene System die Oberhand, da es über mehr (Fach-)Informationen verfügt. Fast jeder Sparprozess hat diese *Informationsasymmetrien*.

Dies kulminiert in der Praxis in extremer Ausprägung in Aussagen wie: *Wenn das politisch legitimierte wirtschaftliche System diese Ressourcen kürzt, bricht unser angegriffenes System zusammen*. Wegen der angesprochenen Informationsasymmetrien ist es für das politische und wirtschaftliche System schwierig zu beurteilen, ob es sich bei diesem Zukunftsszenario um eine rein taktische Abwehrstrategie handelt, oder ob das System wirklich gefährdet ist. Oft liegt aber weder Taktik noch ein realistisches Zukunftsszenario vor. Die Wissenschaft ist nämlich zum Teil ein Bestandteil des Systems Verwaltung mit seinem Code (funktionsfähig vs. nicht funktionsfähig). Jede Veränderung bedroht (insbesondere aus der subjektiven Innenperspektive) starre Systeme in ihrer Funktionsfähigkeit.

Ein weiteres Muster ist entscheidend: Das Sparen ist, wie oben bei der Soziologie des Sparens beschrieben, nicht Teil eines Subsystems, sondern die Interaktion unterschiedlicher Systeme, weshalb auch die Auswirkungen des Sparens von einem System alleine kaum valide beurteilt werden können. Dies gilt in diesem Fall für das wirtschaftliche System und das System der Wissenschaft. Generell gilt: Sparen ist immer ein Risiko, da maßgebliche Veränderungen systemübergreifend verursacht werden.

3.4   Sparen bedroht das System Recht

Eines der häufigsten Argumente, die in der Praxis gegen Sparvorhaben vorgebracht werden, ist der Widerspruch gegen geltendes Recht. Wobei Recht Gesetze oder Verwaltungsvorschriften sein können. Dies ist ein starkes Argument, denn kein Staatsdiener will und kann sich rechtswidrig verhalten. Den Code *rechtmäßig vs. nicht rechtmäßig* wendet nicht nur das rechtliche System selbst an, um sich gegen Angriffe des wirtschaftlichen Systems zu schützen, sondern sämtliche andere Systeme, insbesondere die Verwaltung, nehmen gerne die Schützenhilfe des rechtlichen Systems in Anspruch.

Das Programm des Rechts wird in unterschiedlichen Konstellationen exzessiv genutzt und verliert fast nie seine Schlagkraft. So soll es vorgekommen sein, dass eine halbe Richterstelle dafür sorgte, dass eine ganze Liegenschaft unterhalten werden musste. Eine Auflösung der Liegenschaft wurde mit dem Verweis auf die richterliche Unabhängigkeit nicht umgesetzt. Führt man sich die Schlagkraft des Arguments vor Augen, verwundert seine Beliebtheit nicht. In so weit ist jeder gut beraten, einen Juristen als *Change-Agent* an seiner Seite zu wissen, so können Sparvorhaben viel schwerer gebremst werden. Welchen Einfluss in diesem Zusammenhang die Verankerung der Schuldenbremse im Grundgesetz hat, bleibt abzuwarten.

Die Nutzung des rechtlichen Arguments ist mannigfaltig. Aus Gründen der Fokussierung soll ein weiteres Beispiel zum Einkauf in der öffentlichen Verwaltung genügen, um die Logik des rechtlichen Systems als *Show-Stopper* zu veranschaulichen:

Die vergaberechtlichen Anforderungen an diskriminierungsfreie Ausschreibungen sind im öffentlichen Bereich aus verschiedensten Gründen hoch. U. a. sollen soziale Standards gewahrt, der europäische Wettbewerb intensiviert, die lokalen mittelständischen Anbieter nicht diskriminiert und die sozialen und Umweltstandards in anderen Ländern gefördert werden. Vom Grundsatz her werden mit der Ausgestaltung des Vergaberechts gesellschaftspolitisch sinnvolle Ziele verfolgt. Des Weiteren obliegt es gemäß Vergaberecht jeder Verwaltung, möglichst *wirtschaftlich* einzukaufen und jede Vergabe ist per Saldo eine rechtliche Abwägung aller Argumente.

In jedem Vergabeverfahren kann es geschehen, dass gegen die Vergabe geklagt wird (rechtliches System, vgl. Tab. 2.1) und der Einkäufer muss sich u. U. *Rechtsbruch* vorwerfen lassen. Das System *Verwaltung* (vgl. Tab. 2.1) belohnt wirtschaftliches Verhalten nicht – sanktioniert rechtswidriges Verhalten aber sehr stark. Im Zweifel wird sich somit ein Einkäufer im System Verwaltung intensiv bezüglich des Verfahrens absichern und sich u. U. gegen das günstigste Angebot entscheiden müssen. Ansonsten würde er nicht nach der Logik seines Systems handeln.

Wegen der immensen Hemmnisse, die das System *Recht* Haushaltskonsolidierungsprojekten entgegenstellen kann, sollte eine Platzierung eines verwaltungserfahrenen Juristen (Teilzeit) im Team zur Haushaltskonsolidierung erwogen werden.

3.5 Sparen bedroht das System Politik

Tabelle 2.1 zeigt u. a. auch das Funktionssystem Politik, welches nach Luhmann die Funktion, d. h. die Aufgabe, hat, kollektiv gesellschaftlich bindende Entscheidungen herzustellen. Dieses System ist – wie alle anderen Systeme – richtig und wichtig.

Der Teil des politischen Systems, der primär diese Entscheidungen herstellt, befindet sich in der Regierung, diejenigen, die dies nicht tun, befinden sich in der Opposition (vgl. Tab. 2.1., Codierung des politischen Systems). Diese Zweiteilung des Codes fasste ein Altmeister pointierter Zuspitzungen, Franz Müntefering, gekonnt mit den Worten *Opposition ist Mist* zusammen.

Nun findet die Konkurrenz um Macht und öffentliche Ämter (vgl. Medium) in komplexen Routinen statt. Eine von diesen ist für das Thema Sparen besonders wichtig: Aus der Perspektive des politischen Systems ist es – um (wieder)gewählt zu werden – ein sehr sinnvolles Mittel, Wählern den Nutzen ihrer Wahl klar zu machen. Diese für das politische System logische Vorgehensweise wird von anderen Systemen nicht verstanden und als Wahlgeschenke verurteilt. Diese Vorgehensweise ist wissenschaftlich ausgearbeitet. U. a. argumentiert Bryan Caplan stringent, dass *to please special interests* für die Politik einfach rational sei (2007, S. 1).

Dies kostet i. d. R. Geld, was uns zum Thema dieses Essentials zurückführt. Auf der anderen Seite gilt Sparen *aus Sicht der Politik als gefährlich* (Bertelsmann Stiftung 2013, S. 35). Die Logik des Machterhalts der Regierung ist somit vom Grundsatz her: Mehr Geld auszugeben, um Wählern den Nutzen der Wahl klar zu machen. Umgekehrt wird die Logik noch offensichtlicher. Einem Wähler über Sparvorhaben Schaden (Gegenteil von Nutzen) zuzufügen, widerspricht offensichtlich dem Ziel der Wiederwahl und damit der inneren Logik des politischen Systems. Sparen bedroht somit die aktuelle Regierung und langfristiges, extremes Sparen bedroht auch das politische System als Ganzes, da ein System, das Schaden verursacht, kein erstrebenswertes System ist.

Deshalb tut sich, systemimmanent, jede politische Partei mit dem Sparen schwer. Je nach Präferenz der eigenen Wähler die eine Partei mehr als die andere. Diese Unterschiede ändern jedoch nichts an der grundsätzlichen Feststellung, dass Sparen das politische System grundsätzlich bedroht. Demzufolge ist es logisch, dass Reiner Holznagel (2014), Präsident des Bundes der Steuerzahler, zum Sparwillen des Systems Politik feststellt: *Dieses überparteiliche Versagen hat zu ständig steigenden Schuldenständen geführt, die nun allmählich den öffentlichen Haushalten die Luft zum Atmen nehmen.* Zwei bereits erwähnte Sachverhalte verstärken diese generelle Logik: Einerseits das Ressortprinzip, das Ressourcenkürzungen per Definition im eigenen Bereich zu verhindern sucht. Andererseits das konforme Verhalten gemäß des politischen Systems von einzelnen Vertretern: So z. B. Minister, die zwecks eigenen Machterhalts im Ministerium und nach Außen den eigenen Bereich verteidigen müssen.

3.6 Sparen bedroht das System Ethik

Die Begriffe Ethik und Gerechtigkeit sind komplex, diffus und daher kaum zu fassen. Da ein tieferes Eindringen in diesen Bereich das hohe Risiko eines Abdriftens in sich birgt, wollen wir uns auch hier bewusst nur auf das Wichtigste für dieses Essential konzentrieren:

Die meisten Gerechtigkeitstheorien gehen davon aus, dass ein Ausgleich von Interessen (z. B. beim Sparen) erreicht werden kann. Genau dies ist aus der Perspektive Luhmannscher Systemtheorie nicht möglich. Denn, nach Luhmann sind Systeme immer egozentriert. Sie sehen nur sich. Eine gesamtgesellschaftliche Perspektive ist für ein einzelnes System nicht möglich.

Wenn also – wie oben dargelegt – das System Wirtschaft eines der Systeme Kunst, Ökologie, Wissenschaft, Recht oder Politik angreift und das angegriffene System zur Verteidigung das System der Ethik zwecks Schützenhilfe mobilisiert, so wird in jedem Fall das Sparen als ungerecht bewertet werden (vgl. Code in Tab. 2.1). Dies muss so sein, da das System Ethik das wirtschaftliche System und sein Programm der Knappheit nicht bei seiner Bewertung berücksichtigen kann. Solange es deshalb so bleibt, dass es keinen allgemein akzeptierten Begriff von Gerechtigkeit gibt, wovon auszugehen ist (vgl. Dworkin 2012), wird das System der Ethik weiterhin das Sparen als ungerecht charakterisieren. Wer eine Gerechtigkeitslücke im Rahmen eines Sparprozesses formuliert, verlangt i. d. R. immer auch, dass Geld ausgegeben wird, um diese zu schließen.

3.7 Sparen bedroht das System Verwaltung

Zuvor wurde bereits mehrfach auf das System *Verwaltung* verwiesen. Es ist sinnvoll, dieses wegen seiner eigenen Logik nun auch separat zu betrachten.

Ausgangspunkt soll der Wandel sein. Das Management des Wandels (*Change Management*) ist seit Dekaden fester Bestandteil der *Business-School*-Lehrpläne im anglo-amerikanischen Bereich. Gelehrt wird u. a., dass Veränderung immer auf Widerstände stößt und Wandel in gewisser Weise *weh tut*. Dies liegt psychologisch darin begründet, was wir in unserer Umwelt wahrnehmen, dass wir Routinen herausbilden und wie wir lernen; diese Themen würden aber zu weit vom Thema weg führen.

Entscheidend für die hier vorliegende Fragestellung ist vielmehr, warum es neben dem Beharrungsvermögen jeder Organisation – speziell in der Verwaltung – darüber hinaus besonders widerstandsfähige Schwerkräfte zu geben scheint. Wie Tab. 2.1. ebenfalls zeigt, sind

- die Aufrechterhaltung eines funktionstüchtigen Staats,
- die Sicherheit im gesellschaftlichen Zusammenleben und
- die Umsetzung politischer Entscheidungen

die Funktionen der Verwaltung. Dabei hat *Sicherheit* Priorität. Aus der Sicht des Systems Verwaltung ist somit jede Maßnahme als systembedrohend abzuwehren, die der *Sicherheit* z. B. von erprobten Verwaltungsabläufen entgegensteht. Pathetisch könnte man sagen, jeder durch das Sparen induzierte Wandel wird vom System Verwaltung als *staatsgefährdend* empfunden. Hierbei ist – aus Sicht der Verwaltung der Preis (Kosten/Schulden/Effizienz) irrelevant, da dieser Bestandteil eines anderen Systems ist, dem der Wirtschaft (vgl. ebenfalls Tab. 2.1). Logisch ist somit auch, dass es im System der Verwaltung keine Incentivierung (*Anreize setzen*) im wirtschaftlichen Sinne gibt, weil ökonomisches Verhalten für die Funktion des Systems Verwaltung irrelevant ist, da es nicht zum Programm *Sicherheit im Staat* beiträgt.

Zusammengefasst kann man sagen, dass das Sparen die Essenz des Systems Verwaltung bedroht, da gerade das Funktionieren und die Sicherheit die Aufgabe des Systems Verwaltung ist. Der durch das Sparen induzierte Wandel bedroht den inneren *Sinn* des Systems Verwaltung. Das besondere Beharrungsvermögen des Systems Verwaltung ist vor diesem Hintergrund *sinnvoll*, um das Kernziel der Sicherheit zu erreichen. Es ist somit aus Sicht des Systems Verwaltung aus Sicherheitsgründen richtig, wenn Doppelstrukturen aufrecht und Prozesse beibehalten werden und Wandel besonderer Widerstand entgegengebracht wird.

3.8 Sparen bedroht kein System in der Privatwirtschaft

Es gibt zwei fundamentale Unterschiede zwischen Konsolidierungen in der öffentlichen Verwaltung im Gegensatz zu jenen in der Privatwirtschaft. Indem diese beiden Unterschiede nun herausgearbeitet werden, können zusätzliche grundlegende Besonderheiten der Praxis des Sparens in der öffentlichen Verwaltung beschrieben werden.

Haushaltkonsolidierungen in der Privatwirtschaft, die i. d. R. als Restrukturierungen oder Sanierungen bezeichnet werden, betreffen üblicherweise nur ein

Subsystem, eben jenes der Wirtschaft, sofern rechtliche Rahmenbedingungen eingehalten werden. Bei Haushaltskonsolidierungen der öffentlichen Hand sind, wie gezeigt wurde, weitaus mehr gesellschaftliche Subsysteme involviert. Daher ist die Kommunikation im öffentlichen Umfeld komplexer und wesentlich weniger anschlussfähig. Anders formuliert: eine strukturelle Kopplung zwischen den einzelnen Subsystemen ist bei privatwirtschaftlichen Sanierungen kaum notwendig, da keine Interaktion verschiedener Systeme erfolgen muss. Das Treffen und die Durchsetzung von Entscheidungen sind somit viel einfacher als im öffentlichen Umfeld.

Es gibt einen zweiten Unterschied, der die privatrechtliche Konsolidierung von jener in der öffentlichen Hand grundsätzlich unterscheidet: Das Funktionieren und die Sicherheit sind, wie beschrieben, Kernbestandteile des Systems *Verwaltung*. Eine Insolvenz und die Abwicklung von Verwaltungsteilen sind aus Sicht des Systems undenkbar. Für das System der Wirtschaft ist dies jedoch *nichts Unlogisches* (Schumpeter 1911, S. 157). Im Gegenteil, die *kreative Kraft der Zerstörung* schafft angepasstere und effizientere wirtschaftliche Systeme, was als Autopoiesis des wirtschaftlichen Systems angesehen werden kann. Das Grundprinzip der Autopoiesis des wirtschaftlichen Systems umfasst auch die *Zerstörung*, das der Verwaltung kennt nur den *Erhalt*. Dies ist die Grundlage für eine ausgeprägte Wandlungsfähigkeit im System der Wirtschaft und eine maßgeblich geringere Wandlungsfähigkeit im System Verwaltung. Die seit Jahren andauernden, zaghaften Diskussionen über Insolvenzen von Kommunen sowie Einzelfälle im Bereich der Stadtwerke ändern nichts an der grundsätzlichen Richtigkeit dieser Aussage – wobei aus diesem einzelnen Sachverhalt kein Plädoyer für öffentliche Insolvenzen abgeleitet werden sollte (vgl. Schwarz 2014).

3.9   Sparen bedroht andere Systeme mit quantitativer Transparenz

Sparen ist, wie beschrieben, ausschließlich Teil des wirtschaftlichen Systems, weil nur dieses System dem Programm der Knappheit folgt. Knappheit materialisiert sich in den Medien Geld, Eigentum und quantitativer Transparenz, wie Tab. 2.1 zeigt. Letzterer Begriff der quantitativen Transparenz soll nun, wegen seiner Wichtigkeit, näher ausgeführt werden. Mit *quantitativer Transparenz* konfrontiert das wirtschaftliche System im Rahmen des Sparprozesses andere Systeme, wie die Abschn. 3.1 bis 3.7 aufzeigen.

Die quantitative Transparenz des wirtschaftlichen Systems wird oft durch Planung erreicht. Diese *Planung ersetzt* Zufall durch interpretierbare Abweichungen.

Oder, wie Albert Einstein es formulierte: *Planung ersetzt Zufall durch Irrtum.* Dieses *Bonmot* Einsteins trifft sehr schön eine paradigmatische Differenz zwischen dem System Wirtschaft und den Systemen Politik und Verwaltung.

Das wirtschaftliche System im Allgemeinen und seine Spezialausprägung *Controlling* im Besonderen *lieben* Transparenz. Alles wird möglichst genau geplant, um Gründe für Abweichungen zu verstehen. Transparenz ist dabei *nichts Böses*, wie ein Beispiel aus der Management-Philosophie *The Toyota Way* am besten zeigt: Grundprinzip der Automobilendproduktion ist *just-in-time,* u. a. die termingerechte Anlieferung aller Montageteile. Das Risiko des Systems ist, dass das gesamte Fließband stillstehen muss, weil irgendwo ein einzelnes Teil fehlt. Nun nimmt der gesunde Menschenverstand zunächst an, dass das Optimum erreicht ist, wenn das Band nie stillsteht. Aber, genau dies ist nicht der Fall. Steht das Band *nie* still, sind kostentreibende Lagerbestände zu hoch und dann läuft auch etwas schief. Anders formuliert, *Fehler* (Bandstillstände) sind *gewollt.* Es geht um möglichst wenig Puffer, weil dieser kostet und um *Transparenz,* was die Gründe für die Fehler angeht. Dieses Beispiel generalisierte Herbert Henzler, ehemals McKinsey Deutschland-Chef. Er nannte sein Buch, in religiöser Anlehnung, *Das Auge des Bauern macht die Kühe fett.* Anders formuliert: Das permanente genaue Hinschauen ist Kernelement des Systems Wirtschaft.

In den Systemen Politik und Verwaltung ist es in vielen Fällen genau umgekehrt. Schriftstücke müssen *hinreichend ungenau* (geflügelte Worte aus einem Ministerium) sein, damit diese konsensfähig und von der Opposition nicht angreifbar sind. Speziell im System Verwaltung, in dem die Sicherheit und das Funktionieren wie beschrieben entscheidend sind, ist die *nicht-Angreifbarkeit* essentiell. Wiederum soll ein Beispiel dies verdeutlichen: Im Rahmen der Umstellung von der Kameralistik auf die Doppik (doppelte Buchführung) sollte in einer großen Verwaltung eine Output-Steuerung installiert werden. Dabei sollen auf Basis von Zielvereinbarungen und Kennzahlensystemen die Leistungen der Verwaltung transparent gemacht werden (Produkthaushalt). Trotz großer Investitionen in neue EDV und technischen Fähigkeit wurde dieser Schritt nicht gegangen, weil man die Transparenz fürchtete (zur möglichen großen empirischen Relevanz dieser These vgl. z. B. Budäus et al. 2014, S. 18 ff. und Ebinger und Bogumil 2012).

Warum ist dies für ein politisches System verständlich? Dies soll ein weiteres Beispiel verdeutlichen: In einem Produkthaushalt werden Leistungsparameter, sogenannte Service-Levels, festgeschrieben. Diese sind z. B. Einsatzzeiten von Krankenwagen. Wird z. B. nach außen für alle sichtbar festgelegt, dass nach 6 min ein Krankenwagen zur Rettung zur Stelle ist und nicht mehr nach 5 min, zwecks Haushaltskonsolidierung, so ist dies ein großes Problem für das System Politik. Zugespitzt verantwortet die Politik sämtliche Tote, die zwischen 5 und 6 min entstehen. Verständlich, dass diese Transparenz für das politische System unvorteilhaft ist – Sparen *bedroht* demzufolge, weil es quantitative Transparenz schafft.

Innerhalb von Sparprozessen wird fast immer Transparenz geschaffen, die u. a. die Systeme Verwaltung und Politik bedroht. Denn hierdurch wird sichtbar, wo die Verwaltung nicht funktioniert und welche exakten, negativen Implikationen politisches Handeln hervorruft, was wiederum den Machterhalt gefährdet.

3.10 Sparen bedroht Großprojekte viel zu wenig

Als letztes Themengebiet soll auf Großprojekte im öffentlichen Bereich eingegangen werden. Auch wenn dieses Gebiet nur indirekt die hier vorliegende Fragestellung berührt, erscheint wegen Häufigkeit der auftretenden Fälle und der hohen monetären Relevanz bei der Haushaltskonsolidierung, eine Behandlung geboten.

Die jüngste deutsche Geschichte zeichnet sich durch eine Vielzahl, gelinde formuliert, inadäquat ausgeführter Bauprojekte aus. Der Flughafen Berlin Brandenburg, der Nürburgring, die Elbphilharmonie und das World Conference Center in Bonn sind Beispiele einer nahezu beliebig verlängerbaren Liste. Objektivierend führen Bauingenieure an, dass jedes Bauprojekt und Baugroßprojekte im Besonderen einmalig und demzufolge besonders risikobehaftet sind. Hinzu kommt, dass das System Politik per Definition kein (Bau-)Fachspezialist ist und demzufolge die mangelnde Aufsicht von großen Bauprojekten möglicherweise hierdurch zu begründen ist. Aber reichen diese Argumente zu Erklärung? Wahrscheinlich nicht, um die Vielzahl der missglückten Projekte zu erklären. Wir schlagen als Erklärung die Symbiose von sechs systemtheoretischen Sachverhalten vor:

1. Die Involvierung unterschiedlicher Systeme in Bauprojekten macht die *Kommunikation* extrem schwierig; Luhmann würde wahrscheinlich sogar von der Unmöglichkeit ausgehen, was zumindest teilweise plausibel anmutet, wenn man sich die Liste missglückter Bauvorhaben vor Augen führt. Nach Luhmann müsste es daher als ein kleines Wunder gewertet werden, wenn ein Projekt doch noch fertig wird.
2. Wie bereits oben beschrieben, lässt sich das politische System praktisch nicht *incentivieren*. Anreizsysteme der Privatwirtschaft funktionieren hier somit kaum, um Zeit und Kosten zu beeinflussen.
3. Das politische System ist, wie oben ausgeführt, auf den Machterhalt oder Machtgewinn programmiert. Deshalb muss vorrangig die nächste Wahl entschieden werden. Der *Planungshorizont* des Systems Politik ist somit regelmäßig kürzer als jener von großen Bauprojekten.

4. Das System Politik basiert gemäß Tab. 2.1. auf politischen Ideen. Eine *große* politische Idee ist i. d. R. wichtiger und als unscheinbare *kleine*.
5. Die Übernahme von *Risiko* wird somit im politischen System *belohnt*, wenn es um große Ideen geht.
6. Eine *negative Belohnung*, ein Malus bei Nichtgelingen, ist im System Politik i. d. R. *nicht vorgesehen*. Während das System Wirtschaft für Preise sensitiv ist sowie Zuwiderhandlungen bestraft (und daher Umplanungen während Bauphasen äußerst selten sind), ist das politische System hierfür unempfänglich. In diesem Zusammenhang wäre eine Mobilisierung des Systems soziale Bewegung (vgl. ebenfalls Tab. 2.1) entscheidend, die aber in Deutschland kaum zu beobachten ist.

Die genannten sechs Punkte machen plausibel, warum so viele Projekte in der öffentlichen Hand scheitern. Die Systemtheorie ist dabei, wie gezeigt wurde, ein hilfreiches Analysewerkzeug. Allerdings wurde nur analysiert; welche Handlungen abzuleiten sind, bleibt völlig offen. Ein altes Problem: Die *Welt nur verschieden interpretieren* reicht nicht aus – dazu mehr im nächsten Abschnitt.

▶ **Zusammenfassung** Die zehn Beispiele zeigen, dass der skizzierte Prozess des Sparens sich in vergleichbarer Form in den Systemen Kunst, Ökologie, Wissenschaft, Recht, Politik, Ethik und Verwaltung zeigt. Die Beispiele zeigen zudem, wie diese Systeme vom System Wirtschaft im Rahmen der Haushaltskonsolidierung bedroht werden.
Führt man sich die notwendigen Aufgaben der einzelnen Systeme vor Augen, ist es gesellschaftlich sinnvoll, dass die Systeme mit Ablehnung auf den Sparprimat des Systems Wirtschaft reagieren. Die Beispiele verdeutlichen ferner die Schwierigkeit des Sparens allein aus dem Faktum heraus, dass sich Systeme konform zu ihren eigenen Regeln verhalten. Konsequenterweise fehlte der Mensch bei der Dokumentation der Beispiele und es wurde nur von Systemen gesprochen.
Ergänzend können sechs interagierende, systemtheoretische Gründe identifiziert werden, warum so viele politische Großprojekte in Deutschland scheitern und so maßgeblichen finanziellen Schaden verursachen. Schlussendlich konnte verdeutlicht werden, warum die systemimmanente, quantitative Transparenz des wirtschaftlichen Systems per se andere Systeme bedroht.

Fazit

4

4.1 Nicht nur beim Sparen – Systemverständnis tut gesellschaftlichen Entscheidungen gut

Die Wirtschaftswoche (2012) titelte: Beamte, Manager, Politiker. *Diese Berufe haben das mieseste Image.* In Übereinstimmung hierzu wurde wiederholt empirisch belegt, dass die Angehörigen dieser Berufsgruppen in der Bevölkerung *kein* hohes Ansehen genießen. Die genannten Gruppen sind auch die typischen Beteiligten an Sparprozessen. Beamte sind dies als Teil des Systems Verwaltung. Manager oder Berater sind die charakteristischen Vertreter des Systems Wirtschaft. Politiker sind die Repräsentanten des politischen Systems.

Die Anwendung der Theorie Luhmanns zeigt, dass die Menschen, die sich Sparanstrengungen widersetzen, weil sie konform zu den Imperativen ihrer Systeme handeln, nicht schlecht oder gut sind. Und diejenigen, die Sparanstrengung vorantreiben und sich deshalb oft harscher Kritik ausgesetzt sehen (Subsystem Wirtschaft), sind ebenfalls weder gut noch schlecht. Systemtheoretisches Denken hilft bei der Einsparung überschießender moralisierender Beurteilungen. Denn es existiert eine Unschuldsunterstellung gegenüber allen Systemen. Mit dem Wortungetüm *Fundamentalinnozentismus* hat Peter Sloterdijk (2001, S. 131 f.) diese grundsätzliche und hochgradig erstrebenswerte Unschuldsvermutung gegenüber Systemen in ironischer Weise zusammengefasst. Gesellschaftliche Debatten werden oft moralisierend und gerade dadurch unfair geführt. Unfair in dem Sinne, dass Protagonisten einzelner Systeme nicht persönliche Charaktermängel, sondern die Grundcharakteristika ihrer Systeme zum Vorwurf gemacht werden. Moralisierende Argumente nutzen immer personalisierende Anschuldigungstechniken und üben auf diese Weise einen Nötigungsdruck aus. Moralisierende Anklagen entlarven sich erst recht dann als unlogisch, wenn die *Unfreiheit* der Systeme akzeptiert

© Springer Fachmedien Wiesbaden 2016

I. Caspari et al., *Sparen in öffentlichen Haushalten*, essentials,

DOI 10.1007/978-3-658-10908-0_4

wird. Ein nüchterner Blick auf die Systeme entzieht diesen allzu moralistischen Bewertungen die Grundlage und entlastet auch die Menschen, die nach Ihren Regeln handeln, von imaginierten Schuldvorwürfen.

Ein systemischer Blick auf das Sparen kann in diesem Sinne als ein sinnvoller Schritt in Richtung verständnisvoller und damit zielführender Spardebatten bzw. gesellschaftlicher Diskurse angesehen werden. Hierzu soll dieses Essential beitragen.

4.2 Grenzen der Systemtheorie – sie beschreibt ohne Handlungsempfehlungen zu geben

Die Luhmannsche Systemtheorie hat, wie die zehn in diesem Band vorgelegten Beispiele zeigen, die Fähigkeit, gesellschaftliche Analysen hilfreich zu unterstützen. Sie eignet sich gut, um Sachverhalte, wie das Sparen, neu zu beschreiben (*Deskription*) und zu interpretieren. Aber, wie bereits Karl Marx 1888 (S. 534) feststellte, reicht allein die andere Interpretation einer Thematik für die Praxis nicht aus, denn es kommt darauf an, etwas zu verändern. Um jedoch etwas zu verändern, muss zunächst beschrieben werden, wie etwas *sein sollte* und nicht – wie bei Luhmann – wie etwas *ist*.

Für *normative* Aussagen, wie etwas *sein sollte* (z. B. das Sparen), ist die Theorie Luhmanns nicht hinreichend. Systemtheorie ist rein *deskriptiv* und nicht *normativ*. Die Praktiker des Sparens werden jedoch berechtigterweise gerade nach normativen Hinweisen verlangen. Zumindest ein grober Leitfaden zur Orientierung sollte der Praxis zur Verfügung gestellt werden. Bevor wir zu diesem Leitfaden kommen, ist es jedoch sinnvoll, noch weiter herauszuarbeiten, warum die Theorie von Luhmann für einen Leitfaden nicht ausreichend geeignet ist.

Wie die Beispiele gezeigt haben, lässt sich mittels Luhmanns Theorie kein Konsens zwischen den Systemen herstellen, denn die unterschiedlichen gesellschaftlichen Subsysteme haben sich gerade wegen ihrer unterschiedlichen Rationalitäten auseinander entwickelt (Reese-Schaefer 2001, S. 30). Wahrheit ist nach Luhmann (1998, S. 339) *keinem* einzelnen System zugeordnet, vielmehr gibt es systemunabhängige, intersubjektive und damit gesamtgesellschaftliche Erkenntnisse nur übergreifend d. h. nur außerhalb eines einzelnen Systems. Da die Systeme aber nicht miteinander kommunizieren können, ist eine übergreifende Wahrheit unerreichbar. Konsequenterweise stellt Luhmann (1998, S. 186) fest, dass die *gesamtwirtschaftliche Rationalität* (z. B. der perfekte Sparansatz) zu einer *Utopie* wird.

Je nach gesellschaftlichem Subsystem gibt es nach Luhmann unterschiedliche *richtige* Sichtweisen bzw. Wahrheiten. Die Haltung, die unterstellt, dass die Wahrheit von dem individuellen Blickwinkel des einzelnen abhängt, nennt sich

Konstruktivismus. Vom Prinzip her hört es sich gut an, ein pluralistisches Weltbild zu vertreten. Und populäre Kommentatoren wie Sloterdijk befürworten unterschiedliche Wahrheiten und kritisieren *Zwangskonsensualismus* (2001, S. 97).

Problematisch wird diese pluralistische Weltsicht dann, wenn sie zur Beliebigkeit verkommt und deshalb klare Entscheidungen nicht getroffen werden können, weil alles irgendwie richtig ist. So versucht die Politik zu Recht klar nachvollziehbare, objektive Entscheidungen zu treffen. Beispielsweise wurde im Rahmen einer Haushaltskonsolidierung eines Bundeslandes die Aufgabe vergeben, ein zuvor definiertes Sparvolumen *objektiv* (richtiger wäre *intersubjektiv*) aufzuteilen.

Trotz ihrer Stärken ist die Theorie Luhmanns ungeeignet, intersubjektive Konsensentscheidungen zu unterstützen. Dies liegt u. a. daran, dass Sie, wie viele andere moderne Diskurse keinen klaren Standpunkt festlegt, vom dem aus argumentiert wird (Habermas 1988, S. 390). Insoweit trennen wir uns – notgedrungen – im nächsten Abschnitt mit diesem Gedanken von Luhmanns Theorie, um Forderungen an das *optimale Sparen* zu formulieren.

Wer sich mit der theoretischen Frage nach unterschiedlichen Wahrheiten, Rationalitäten und einem Konsens dieser näher auseinandersetzen möchte, der sei auf Ronald Dworkin (2012) verwiesen, der hierzu eine Gesamtschau präsentiert und an die *eine* Wahrheit glaubt.

4.3   Leitfaden für Entscheidungen beim Sparen – eine Anleitung in Anlehnung an Habermas

Aus fünf Gründen halten wir die Theorie des kommunikativen Handelns und die pragmatischen Universalien von Jürgen Habermas für geeignet, um als Leitgedanke für die praktische Umsetzung von Spardiskursen zu dienen.

1. Sparen erfolgt über Kommunikation. Für Habermas ist die *Kommunikation* in der Gesellschaft, wie für Luhmann, entscheidend. Habermas (1982, S. 518 u. S. 531) nennt seinen Ansatz auch die *kommunikationstheoretische Wende*, weil bei vielen früheren Theorien der Geist des *einzelnen* Menschen und nicht die Kommunikation *unterschiedlicher* Menschen im Mittelpunkt stand.
2. Im Gegensatz zu Luhmann soll bei Habermas die Kommunikation zu einem konsensfähigen und *vernünftigen* Ergebnis führen (Reese-Schaefer 2001, S. 30). Die *Vernunftpluralität* (Welsch 1995, S. 140), die nach Habermas in die Theoriebildung einzieht, ist für eindeutige Sparentscheide unbrauchbar. Insoweit scheiden diese Ansätze aus.
3. Entscheidend ist, dass Habermas von einer *rationalen* Entscheidung ausgeht, was ebenfalls für Sparentscheide essentiell ist.

4. Zudem ist sein Rationalitätsbegriff weit angelegt, sodass er praktisch immer angewendet werden kann (Welsch 1995, S. 117).
5. Habermas fokussiert auf gesellschaftliche Entscheide (Lahusen und Stark 2002, S. 137), unter die auch der Entschluss zum Sparen zu fassen ist.

Wie ein *vernünftiger* gesellschaftlicher Entscheidungsprozess aussieht, veranschaulicht Abb. 4.1, wobei wir Vereinfachungen sowie Anpassungen vorgenommen haben: Der *vernünftige Diskurs* ist bei Habermas ein feststehender Ausdruck und basiert auf den sogenannten *Pragmatischen Universalien*. Diese heißen so, weil sie praktische Voraussetzungen jeglicher Kommunikation sind.

Im Zentrum des vernünftigen Diskurses (vgl. Abb. 4.1) steht an erster Stelle die sachliche Wahrheit 1.) der Argumente. 2.) An zweiter Stelle kommt die Forderung, dass sämtliche Argumentationen sozial gerecht sind. Egal, ob es sich um ein rein sachliches Argument handelt oder ob die soziale Gerechtigkeit im Mittelpunkt steht, sind zwei Nebenbedingungen zu erfüllen. Der Beitrag muss 3.) wahrhaftig sein, d. h. er soll wirklich der Sache dienen und nicht nur vorgeschoben sein. Doch die Erfüllung der drei Kriterien ist nutzlos, wenn man 4.) unverständlich bleibt. Die ersten vier Kriterien sind also Mussanforderungen an ein Argument innerhalb eines Diskurses. Für den Diskurs als Ganzen gibt es vier weitere Musskriterien, deren

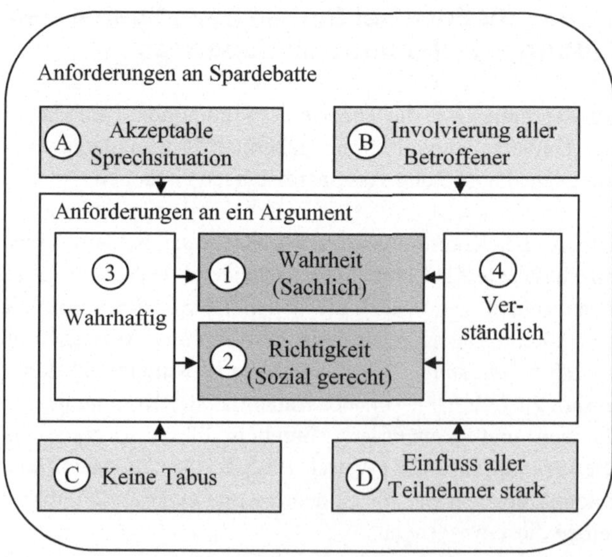

Abb. 4.1 Vernünftiger Diskurs in Anlehnung an Habermas

Erfüllung diesen zu einem vernünftigen Diskurs machen. A) Betroffene müssen hinreichend lange zu Wort kommen. B) Allen Betroffenen muss dies gewährt werden. C) Es darf keine Tabus im Diskurs geben. D) Alle Teilnehmer müssen den Diskurs hinreichend beeinflussen können, damit das Ergebnis ein wirklicher Konsens ist. So müssen die Teilnehmer sich z. B. Ergebnissen widersetzen können; Machtstrukturen dürfen keine Rolle spielen (Habermas 1973, S. 255 ff.).

Wolfgang Welsch (1995, 118 ff.) und viele andere weisen auf ungeklärte Fragen in Habermas' Ansatz hin. Ungeachtet dessen erscheint ohne lange Ableitung offenkundig, dass unter Einhaltung dieser acht Kriterien verschiedene gesellschaftliche Entscheidungsprozesse im Allgemeinen und Sparentscheidungen im Besonderen *vernünftiger* ablaufen könnten und auch bessere Ergebnisse erzielt werden würden. Allerding war Habermas selbst bewusst, dass auch eine Anwendung dieses Diskursverfahrens keine Garantie für eine vernünftige Entscheidung ist.

Bereits die Beispiele oben haben gezeigt, dass ein vernünftiger Diskurs schon deshalb oft nicht zu Stande kommt, weil das gegenseitige Verständnis der Systeme fehlt. Des Weiteren ist das Subsystem Massenmedien in Tab. 2.1. nur für die Bereitstellung von Informationen verantwortlich und nicht für eine gesamtgesellschaftliche Herbeiführung eines Konsenses. Für gesamtgesellschaftlich bindende Entscheidungen hingegen ist das politische System verantwortlich, das aber, wie beschrieben, anders funktioniert als der ideale Diskurs von Habermas. Wir stellen also fest, *kein System* ist für diesen Diskurs verantwortlich und kein System kann diesen alleine leisten. Dies ist die theoretische Erklärung für die oft dürftigen Ergebnisse der Praxis.

4.4 Ausblick – das Zieldreieck des Sparens

Die Schulden stiegen in den letzten 50 Jahren mehr oder weniger kontinuierlich an. Dies ist eine große aus der Vergangenheit stammende Bürde. Gleichzeitig wird es eine immense gesamtgesellschaftliche Herausforderung darstellen, die Praxis des Schuldenmachens in der Zukunft einzudämmen. Denn nicht nur Roman Herzog (2000, S. 115) war der Meinung, dass die *Finanzen der eigentlich springende Punkt* moderner Politik sind und die Themen Schulden und das Sparen somit auch.

Aus ökonomischer Perspektive lebt Deutschland am Anfang des Jahres 2015 auf einer Insel der Glückseligen. Es fällt schwer, sich noch bessere Rahmenbedingungen für Haushaltskonsolidierungen vorzustellen. Spiegelbildlich gibt es finanzielle Risiken, die das Thema Haushaltskonsolidierung in seiner Dringlichkeit und Schwierigkeit maßgeblich steigen lassen können. Selbst im Präzedenzfall eines andauernden ökonomischen Idealzustandes und entsprechenden *per Saldo* ausgeglichenen Haushalten bleibt das Thema Sparen *Dauerthema*, weil die Kluft zwischen reichen und armen öffentlichen Haushalten wächst (vgl. Abschn. 1.4) und die Aufgabe der Tilgung der immensen öffentlichen Schulden noch vor uns liegt.

Aus unserer Sicht wird das Dauerthema zukünftig seine Schwerpunkte in der Beantwortung von vier sich gegenseitig beeinflussenden Kernfragestellungen haben:

1. *Schwerpunkt Umsetzung*: Wie sollte die Operationalisierung, d. h. die Identifikation der Sparobjekte und die operative Durchführung des Sparens idealerweise ablaufen?
2. *Schwerpunkt Normverletzung*: Wie geht man prozessual mit Körperschaften um, die Rechtsnormen des Sparens nicht einhalten?
3. *Schwerpunkt Anreizsetzung*: Wie kann eine funktionierende Incentivierung möglichst aller Körperschaften zum Sparen gewährleistet werden?
4. *Schwerpunkt Finanzrahmen*: Wie sollte eine Veränderung der finanzwirtschaftlichen Rahmenbedingungen des Sparens gestaltet werden?

Im Einzelnen stellen sich die vier Kernfragestellungen folgendermaßen dar:

1. *Schwerpunkt Umsetzung*: Zur Umsetzung der Sparziele ist die Politik aufgerufen. Dies zum einen wegen zunehmend existierender rechtlicher Vorgaben und zum anderen vor allem, weil auch ohne Rechtsnormen das Wollen und die Fähigkeit, gesellschaftliche Prozesse nachhaltig zu gestalten (Political Leadership) die primäre Aufgabe der Politik ist. Die den Sparbemühungen vorausgehende politisch anzustoßende gesellschaftliche Diskussion über das Sparen sollte sich an den oben (Abschn. 4.3) dargestellten Forderungen von Habermas orientieren. Die anschließende Übersetzung der Sparziele in konkrete Maßnahmen und deren Überwachung ist ebenso Aufgabe der Politik. In Summe ist beides – ohne Zweifel – eine Herkulesaufgabe. Wir hoffen mit unseren Analysen und Handlungsempfehlungen einen kleinen Beitrag zur öffentlichen Debatte und zum Gelingen dieser Aufgabe geliefert zu haben. Allerdings stellen wir auch fest, dass die Umsetzung des Sparens eine mehr oder weniger reine operative bzw. exekutive Aufgabe ist. Neben dieser sind drei weitere strategisch-legislative Aufgaben entscheidend.
2. *Schwerpunkt Normverletzung*: Das System Politik reagierte auf den Spardruck des Systems Wirtschaft und verankerte zunächst Schuldenklauseln auf Bundes- und Landesebene. Vereinzelt haben sich nun auch Kommunen zu *Nachhaltigkeitsregelungen* bekannt (Gnädiger 2015). Auf Landes- und insbesondere

kommunaler Ebene sind die Regelungen naturgemäß nicht einheitlich und bei weitem noch nicht abschließend. Die Stichtage rücken näher, an denen die Körperschaften ausgeglichene Haushalte präsentieren müssen. Wie mit Normverletzungen umgegangen wird (insbesondere Sanktionen), ist größtenteils noch zu klären. Der Stärkungspakt Stadtfinanzen in NRW sieht beispielsweise beim Verfehlen der Konsolidierungsziele die Einsetzung eines Beauftragten vor, der an Stelle der gewählten politischen Vertretung die Entscheidungen trifft, die erforderlich sind, um die Ziele zu erreichen. Dies wurde bereits zweimal in NRW umgesetzt.

3. *Schwerpunkt Anreize*: Eine Grundregel im Projektmanagement besagt, dass Ziele ambitioniert, aber erreichbar sein sollen. Begreift man ausgeglichene Haushalte als ein Projektziel, so sorgen sprudelnde Steuereinnahmen dafür, dass der Staat wegen des mangelnden Spardruckes weniger spart bzw. nicht genug daran arbeitet, Effizienzreserven zu heben. Dies ist die eine, die reiche Seite des Kontinuums unterschiedlich bemittelter öffentlicher Haushalte. Auf der anderen, der armen Seite des Kontinuums gibt es eine umgekehrte Herausforderung. Es gibt Kommunen und Bundesländer, bei denen es fraglich ist, ob sie sich aus eigener Kraft sanieren können und selbst, wenn dies operativ möglich ist, stellt sich die weitergehende Frage, ob die Opfer einer solchen Konsolidierung aus gesamtgesellschaftlicher Sicht nicht (zu) groß wären. Hier soll nicht die Frage beantwortet werden, wo und wann dies der Fall ist. Hier soll lediglich adressiert werden, dass es Fälle geben *kann*, in denen mehr Unterstützung/Anreize von außen notwendig sind, damit Sparanstrengungen sich für die betroffenen einkommensschwachen Körperschaften auch lohnen, so wie dies Rettungsprogramme verschiedener Bundesländer für Ihre Kommunen vorsehen. Denn – Ziele müssen erreichbar sein. Lassen Sie uns die Frage geradeaus formulieren: Wie geht man mit Körperschaften um, die niemals auf einen grünen Zweig kommen, soviel sie auch sparen? Hiermit eng verwoben ist der letzte Punkt.

4. *Schwerpunkt Finanzrahmen*: Der Spardruck ist extrem unterschiedlich und die Unterschiede wachsen (vgl. Abschnitt 1.4.). Irgendwann werden die Unterschiede so groß sein, dass Veränderungen notwendig sind. Insoweit müssen der Bund-Länder-Finanzausgleich als auch die kommunalen Finanzausgleiche (vgl. z. B. www.haushaltssteuerung.de/lexikon.html) so gestaltet werden, dass beschriebene Anreize möglichst optimal gesetzt werden und weiterhin vergleichbare Lebensstandards in Deutschland herrschen.

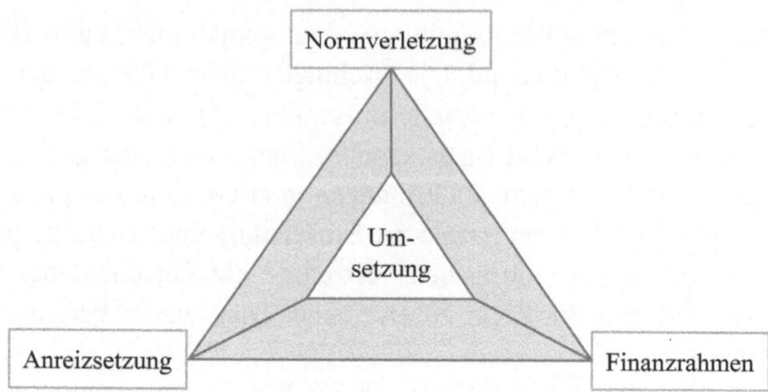

Abb. 4.2 Dreieck des Sparens

Offensichtlich bedingen die vier genannten Fragen sich gegenseitig (vgl. Abb. 4.2). In Summe werden unserer Meinung nach diese vier Fragenkomplexe das Gros der zukünftigen Debatten bestimmen. Diese vier und die weiteren in diesem Buch angesprochenen Fragestellungen sind gesellschaftlich gerade auch in ihrer Vielschichtigkeit von zentraler Bedeutung. Wir laden ein, diese Fragen öffentlich zu diskutieren. Hierzu haben wir in den sozialen Netzwerken *Xing* und *Facebook* jeweils unter dem Namen *Soziologie des Sparens* Gruppen eingerichtet.

Was Sie aus diesem Essential mitnehmen können

- Die Schulden öffentlicher Haushalte steigen seit den 1950er Jahren kontinuierlich. Eine Ausnahme zu dieser Regel stellt die Momentaufnahme zu Beginn des Jahres 2015 dar, in der teilweise Schulden abgebaut werden. Dies ist jedoch zu einem Großteil der guten deutschen wirtschaftlichen Entwicklung geschuldet. Mit dem Inkrafttreten der Schuldenbremse und ungünstigeren ökonomischen Bedingungen wird das Dauerthema Haushaltskonsolidierung noch einmal an Wichtigkeit gewinnen.
- Differenzierung bei der Schuldenproblematik tut not, da bereits maßgebliche Unterschiede zwischen Körperschaften bestehen und diese Unterschiede weiter wachsen.
- Systemtheorie eignet sich gut, um gesellschaftliche Prozesse wie das Sparen zu analysieren. Die Gesellschaft teilt sich demnach in Subsysteme, die wegen ihrer unterschiedlichen Aufgaben nach ihren eigenen unterschiedlichen Regeln funktionieren und kaum interagieren. Jedes System schaut anders auf seine Umwelt und bedient sich dabei unterschiedlicher Codes, Medien und Programmen.
- Sparen ist ein Modus des wirtschaftlichen Systems, da nur dieses dem Programm der Knappheit folgt. Für alle anderen vom Sparen betroffenen Systeme ist somit Sparen systemfremd und bedroht die eigene Einflusssphäre, weshalb Sparen als Bedrohung wahrgenommen wird.
- Führt man sich die Logik der bedrohten Systeme vor Augen, ist die Ablehnung des Sparens rein logisch nachvollziehbar.
- Auf Basis der Systemtheorie von Luhmann kann keine Handlungsempfehlung formuliert werden; hierzu ist jedoch die Theorie von Habermas gut geeignet, aus der Anforderungen an die Kommunikation beim Sparen abgeleitet werden können. Diese gelten für gesellschaftliche Diskurse im Allgemeinen.

© Springer Fachmedien Wiesbaden 2016

I. Caspari et al., *Sparen in öffentlichen Haushalten,* essentials,
DOI 10.1007/978-3-658-10908-0

Literatur

Bertelsmann Stiftung. (2009). Globaler Wandel und öffentliche Finanzen – Zur Notwendigkeit der Budgetkonsolidierung im Zuge des Globalen Wandels (S. 8–16). In U. Wagschal, O. Wintermann, & T. Petersen (Hrsg.), *Konsolidierungsstrategien der Bundesländer. Verantwortung für die Zukunft.* Gütersloh: Bertelsmann Stiftung (Petersen, T., & Wintermann, O.).

Bertelsmann Stiftung. (2013). *Was denken die Bürger über das Sparen? Standpunkte zur Kommunalen Haushaltskonsolidierung.* Gütersloh: Bertelsmann Stiftung.

Budäus, D., Hilgers, D., & Steger, G. (2014). Entwicklungspfade und Reformdefizite öffentlicher Ressourcensteuerung in Deutschland – Lernen am aktuellen Beispiel Österreich. In ifst-Schrift Nr. 500. Der Betrieb.

Bundesagentur für Arbeit. (2014). Der Arbeits- und Ausbildungsmarkt in Deutschland – Monatsbericht September 2014. In Bundesagentur für Arbeit. http://statistik.arbeitsagentur. de/. Zugegriffen: 9. Okt. 2014.

Caplan, B. (2007). *The myth of the rational voter. Why democracies choose bad policies.* Princeton: Princeton University Press.

Deutscher Städtetag. (2013). *Gemeindefinanzbericht 2013. Mindestausstattung statt Nothaushalt.* Köln: Deutscher Städtetag.

Dworkin, R. (2012). *Gerechtigkeit für Igel.* Frankfurt a. M.: Suhrkamp.

Ebinger, F., & Bogumil, J. (2012). Angeleitetes Lernen über Leistungsvergleiche? Zwischenbilanz nach acht Jahren Gemeindeprüfungsanstalt NRW. *Die Verwaltung 45(1),* 123–140.

Fagagnini, H. P., & Caspari, I. (2009). Der Staat im Vormarsch. Der Markt im Rückwärtsgang. Allparteilichkeit der Lösung? *Verwaltung & Management 4,* 198–206 (Nomos).

Gnädinger, M. (2015). Stadt Overath verabschiedet Nachhaltigkeitssatzung. In Haushaltssteuerung.de. http://www.haushaltssteuerung.de/weblog-stadt-overath-verabschiedet-nachhaltigkeitssatzung.html. Zugegriffen: 6. Jan. 2015.

Goethe, J. (1999). *Faust. Der Tragödie erster Teil.* Frankfurt a. M.: Deutscher Klassiker Verlag.

Graeber, D. (2011). *Schulden* (1. Aufl.). Stuttgart: Klett-Cotta.

Habermas, J. (1973). Wahrheitstheorie. In H. Fahrenbach (Hrsg.), *Wirklichkeit und Reflexion. Festschrift zum sechzigsten Geburtstag von Walter Schulz.* Pfullingen: Neske.

Habermas, J. (1982). *Theorie des kommunikativen Handelns: Handlungsrationalität und gesellschaftliche Rationalisierung.* Frankfurt a. M.: Suhrkamp.

© Springer Fachmedien Wiesbaden 2016

I. Caspari et al., *Sparen in öffentlichen Haushalten,* essentials,

DOI 10.1007/978-3-658-10908-0

Handelsblatt FinanceToday. (2014). Newsletter: Handelsblatt – FinanceToday Handelsblatt-FinanceToday@financetoday.handelsblatt.com. Zugegriffen: 13. Okt. 2014.

Handelszeitung. (2014). Europa als Sorgenkind der Weltwirtschaft. In Handeszeitung. http://www.handelszeitung.ch/konjunktur/europa-als-sorgenkind-der-weltwirtschaft-680993. Zugegriffen: 13. Okt. 2014.

Heidegger, M. (1923). Gesamtausgabe: Metaphysische Anfangsgründe der Logik im Ausgang von Leibniz: [Marburger Vorlesung Sommersemester 1928]/[hrsg. von Klaus Held]. Bd. 26: Abt. 2, Vorlesungen 1923–1944. Marburg: Vittorio Klostermann.

Herbstgutachten. (2014). *Gemeinschaftsdiagnose Herbst 2014*. Pressemitteilung vom 9. Oktober 2014.u. a. Berlin: Deutsches Institut für Wirtschaftsforschung e. V.

Herzog, R. (2000). *Strukturmängel in der Verfassung? Erfahrungen mit dem Grundgesetz.* Stuttgart: Deutsche Verlags-Anstalt.

Holznagel, R. (2014). Kritik vom Steuerzahlerbund: Überparteiliches Versagen in der Haushaltspolitik. In Handelsblatt. http://www.handelsblatt.com/politik/deutschland/kritik-vom-steuerzahlerbund-ueberparteiliches-versagen-in-der-haushaltspolitik/10836184. html. Zugegriffen: 9. Okt. 2014.

Institut der deutschen Wirtschaft Köln. (2013). *Konsolidierungscheck 2013. Strukturelle Defizite in den Bundesländern.* Köln: Institut der deutschen Wirtschaft Köln.

Kahneman, D. (2014). *Schnelles Denken, langsames Denken.* München: Pantheon.

Kaiser, S. (2015). EZB-Anleihekäufe. Dragis Geldschwemme hilft Schäuble. In Spiegel Online. http://www.spiegel.de/wirtschaft/soziales/ezb-kauft-staatsanleihen-draghis-geld-schwemme-a-1021993.html. Zugegriffen: 7. Okt. 2014.

Lahusen, C, & Stark, C. (2002). *Theorien der Gesellschaft: Einführung in zentrale Paradigmen der soziologischen Gegenwartsanalyse.* München: Oldenbourg.

Luhmann, N. (1985). *Soziale Systeme. Grundriss einer allgemeinen Theorie* (2. Aufl). Frankfurt a. M.: Suhrkamp.

Luhmann, N. (1990). *Die Wissenschaft der Gesellschaft.* Frankfurt a. M.: Suhrkamp.

Luhmann, N. (1997). Biographie im Interview. Gespräche mit Detlef Horster am 8. Januar 1996 in Oerlinghausen. In D. Horster, & N. Luhmann. München: Beck.

Luhmann, N. (1998). *Die Gesellschaft der Gesellschaft 1+2* (1. Aufl.). Frankfurt a. M.: Suhrkamp.

Luhmann, N. (2000). *Die Politik der Gesellschaft.* Frankfurt a. M.: Suhrkamp.

Marx, K. (1888). *Marx-Engels-Werke* (Bd. 3). Berlin: Dietz Verlag.

Müller, H. (2014). Die Welt versinkt in Schulden. In Spiegel-Online. http://www.spiegel. de/wirtschaft/soziales/neue-schulden-nach-finanzkrise-naechster-crash-kommt-be-stimmt-a-995339.html. Zugegriffen: 5. Okt. 2014.

Münchau, W. (2014). Wir brauchen jetzt Billionen. In Spiegel-Online. http://www.spiegel. de/wirtschaft/soziales/wolfgang-muenchau-wachstum-wird-teuer-a-996858.html. Zugegriffen: 13. Okt. 2014.

OECD. (2015). *Economic policy reforms 2015: Going for growth.* Paris: OECD Publishing.

Reese-Schäfer, W. (2001). *Niklas Luhmann – zur Einführung* (4. Aufl.). Hamburg: Junius.

Reese-Schäfer, W. (2001b). *Jürgen Habermas* (3. Aufl.). Frankfurt a. M.: Campus.

Schumpeter, J. (1911, 1993). *Theorie der wirtschaftlichen Entwicklung. Eine Untersuchung über Unternehmergewinn, Kapital, Kredit, Zins und den Konjunkturzyklus* (9. Aufl.). Berlin: Duncker & Humblot.

Schwarz, K. (2014). Insolvenz im Umfeld der öffentlichen Hand. *Zeitschrift für Kommunalfinanzen, 12,* 265–270 (Beck).

Sloterdijk, P. (2001). Luhmann, der Anwalt des Teufels. Von der Erbsünde, dem Egoismus der Systeme und den Ironien (S. 91–158). In D. Beacker et. al. *Luhmann Lektüren* (2010). Berlin: Kulturverlag Kadmos.

Statistisches Bundesamt. (2014). Altis A., & Kaufen, S. Ist die Beamtenversorgung langfristig noch finanzierbar? In Statistisches Bundesamt, Wirtschaft und Statistik, März 2014. Finanzen und Steuern. S. 181–193.

Wagener, V. (2014). Kommentar: Warhol soll Casino retten. Zwei Bilder Andy Warhols sollen unter den Hammer kommen. Das sorgt in Deutschland gerade für Empörung. Denn der Verkaufserlös soll den Haushalt Nordrhein-Westfalens sanieren. Ein Unding, findet Volker Wagener. http://www.dw.de/kommentar-warhol-soll-casino-retten/a-17999313. Zugegriffen: 16. Okt. 2014

Welsch, W. (1995). *Vernunft: die zeitgenössische Vernunftkritik und das Konzept der transzendentalen Vernunft*. Frankfurt a. M.: Suhrkamp.

Wirtschaftswoche. (2012). Beamte, Manager, Politiker. Diese Berufe haben das mieseste Image. http://www.spiegel.de/wirtschaft/soziales/neue-schulden-nach-finanzkrise-naechster-crash-kommt-bestimmt-a-995339.html. Zugegriffen: 12. Okt. 2014.

Wittgenstein, L. (1963). *Tractatus logico-philosophicus*. Frankfurt a. M.: Suhrkamp.

Sachverzeichnis

© Springer Fachmedien Wiesbaden 2016
I. Caspari et al., *Sparen in öffentlichen Haushalten,* essentials,
DOI 10.1007/978-3-658-10908-0